정토 수행 지침서

1

영화 지음, 조소영 옮김

진정한 정토불교의 가르침을 만나다

정토 수행 지침서

1

대승불교에서는 죽음과 왕생을 어떻게 바라보는가?

A Mahayana Buddhist Approach to Death and Rebirth

운주사

한국의 독자들에게

정토불교는 대부분의 아시아 국가에서 널리 알려지고 수행되고 있지만, 많은 주요 개념들을 제대로 이해하기 어렵습니다. 특히 정토불교의 가르침을 어떻게 실천해야 하는지에 대해 항상 명확하지가 않습니다. 예를 들어 아미타불의 제18원에 언급되었듯이, 죽을 때 아미타불 명호를 열 번만 외우면 정토에 갈 수 있다고 믿는 사람들이 있습니다. 그러나 그렇게 간단한 것이 아닙니다.

이 책은 대승불교의 주요 교리에 대해 먼저 살펴보고, 그다음 정토 수행을 아직 잘 모르는 분들에게 심오한 정토의 가르침을 소개합니다. 특히 일상생활에서 정토의 가르침을 실천할 수 있는 방법에 대해 설명합니다.

정토법은 한국에서 오랜 역사를 이어왔지만, 이 책은 정토법의 기본을 새롭게 조명하고자 합니다. 그래서 수년 동안 정토법과 함께 성장하고 수행한 사람들도 극락정토 왕생을 위한 바른 복을 짓는 방법 등 일반적으로 알려지지 않은 중요한 점을 배울 수 있습니다. 이 책을 통해 정토법이 더 많은 분들에게 도움이 되기를 기원합니다.

한국 독자들에게 진정한 미국의 대승, 정토불교를 소개합니다.

나무아미타불

2021년 3월
영화YongHua

만약에

만약에 모든 괴로움을 끝내고 영원한 행복을 누릴 수 있다면 어떨까요?

만약에 윤회에서 벗어나, 결코 후퇴하지 않고 끊임없이 진전하는 정신 수행을 계속할 수 있다면 어떨까요?

만약에 주위의 모든 이가 당신의 노력을 지지하고, 당신이 그들의 노력을 지지하는 평화로운 세계에서 수행할 수 있다면 어떨까요?

만약에 당신과 모든 이의 참나를 보지 못하게 가리는 쓰레기를 치울 수 있다면 어떨까요?

만약에 자신의 성품을 바로 보아 부처가 되고, 모든 중생이 같은 것을 이루도록 돕겠다는 서원이 이루어질 수 있다면 어떨까요?

우리가 수행하고, 뿌리를 내려 잘 자라는 좋고 강한 씨앗을 심는다면 부처님께서 약속하는 바가 이러합니다.

깨달음으로 가는 길은 여러 생이 걸리는 길고 고된 정신적인 여정입니다. 그러나 더 짧고 덜 어려운 길이 있습니다.

그것을 '정토'라고 부릅니다.

들어가는 글

약 2,500년 전에 고타마 싯다르타라는 이가 있었습니다. 그는 괴로움을 자신의 삶에서 바꿀 수 없는 사실로 받아들이기를 거부했습니다. 대신 완전한 행복을 얻을 때까지 쉬지 않겠다고 발원했습니다.

쓰라린 실패를 겪은 6년여 간의 치열한 수행 끝에 마침내 싯다르타는 성공을 거뒀습니다. 싯다르타는 괴로움을 끝낼 수 있었고 그 과정에서 깨달음을 얻었습니다. 자신의 무명의 꿈에서 깨어나 마음의 본래 성품을 보았습니다.

싯다르타는 깨달음을 얻은 뒤 완전한 지혜의 경지에 이르렀고 석가모니 부처, 또는 부처로 알려졌습니다. '부처'는 산스크리트어 붓다(Buddha)의 음역으로 '깨달은 자'를 의미합니다.

다행히도 석가모니는 다른 사람들도 이 완전한 행복에 이르도록 인도할 수 있다는 것을 알게 됐고, 그 후 49년간 법을 설했습니다. 그리하여 석가모니는 불교의 역사적 창시자가 되었습니다.

부처님이 발견한 행복은 너무나 완전하고 완벽해서 정확히는 '행복'이라는 말조차 써서는 안 됩니다. 행복이라는 말로는 깊고 미묘한 그 경지를 표현할 수 없기 때문입니다. 만약 우리가 깨달음이 얼마나 행복한지 안다면, 우리 모두 깨닫기 위해 노력하고 있을 것입니다. 이 삶에서 이보다 더 가치 있는 것을 얻을 수는 없습니다.

불행히도 깨닫기는 굉장히 어려우며, 우리 대부분은 한 생에 성공하지 못할 것입니다. 그렇다고 낙담해서는 안 됩니다. 그 대신 깨달음을 얻는 것은 항상 다생에 걸친 과정이라는 것을 기억해야 하며, 달리 생각하는 것은 합리적이지 않습니다.

불교는 현재의 삶이 길의 끝이 아니라, 인과의 자연법칙에 따라 사후에 다른 몸으로 다시 태어난다고 가르칩니다. 선업이라는 선한 행위를 하고 선한 원인, 즉 좋은 씨앗을 심으면 이익이 됩니다. 남에게 해를 끼치고 악을 행하면 미래에 고통을 받을 것입니다. 그러나 좋은 씨앗을 심고 열심히 수행하면, 우리도 깨달음에 이를 때까지 세세생생 계속 진전할 수 있을 것입니다.

그런데 윤회는 예측할 수 없고 위험한 일이라는 것을 알아야 합니다. 이번 생에 죄짓는 것을 피하기 어려울 뿐만 아니라, 과거 생에 지은 죄의 결과를 감내해야 합니다. 결과적으로 이번 생 이후에 많은 사람이 아귀나 축생으로, 심지어 지옥에 태어나 그곳에서 극도의 고통과 고난을 겪고 깨달음의 길에서 후퇴하게 된다고 불교는 가르칩니다.

그러므로 이번 생에 우리가 나아지도록 도와줄 뿐만 아니라 미래 생에서도 계속 진전할 것이라고 보장해줄 수 있는 방법이 필요합니다. 이것이 바로 정토법문淨土法門입니다. 여기에서 '법문法門'은 법이라는 부처님의 가르침에 따라 수행하는 방법을 말합니다.

정토종은 윤회의 위험을 다루는 데에 특히 효과적인 부처님의 가르침을 기록한 주요 경전들을 기반으로 합니다. 예를 들어 『불설아미타경』에서 석가모니 부처님은 아미타불이라는 또 다른 부처님에 대해 제자들에게 가르칩니다. 아미타불은 우리에게서 아주 멀리 떨어진 세계, 현대 용어로 은하에 살고 있습니다.

불교의 두 갈래 중 하나인 대승불교에 따르면, 석가모니 부처님은 중생을 교화하기 위해 오시는 수없이 많은 부처님 중 한 분입니다. 아미타불은 또 다른 그러한 부처님으로, 모든 중생이 정토로 불리는 그의 세계, 서방정토 극락세계에 왕생하도록 도와주기 위해 48대원을 세웠습니다.

아미타불의 서원 덕분에, 우리는 아미타불의 힘에 의지해 정토에 갈 수 있습니다. 만약 정토에 태어난다면 매우 행복하고 수행하기 좋은 멋진 환경에 있는 자신을 발견할 것입니다. 불교에서 '수행'은 부처님의 가르침, 즉 법을 실천하는 것으로 참선, 염불 외에 여러 가지가 있습니다.

가장 중요한 것은, 우리가 정토에 간다면 바로 그 생에 깨달음을 얻을 것이고 다시는 괴로움을 겪지 않아도 될 것이라고 확신할 수 있습니다.

이 말이 너무 좋아서 믿기 어려운가요?

그런데 문제가 있습니다. 정토법을 성공적으로 닦아서 정토에 태어나기가 쉽지 않습니다. 그럼에도 불구하고 이번 생에 깨닫는 것보다 정토에 가는 것이 훨씬 쉽습니다.

그러므로 정토법문은 부처님의 가르침을 다양한 사람들에게 더 쉽게 다가갈 수 있게 합니다. 이것이 바로 정토가 오늘날 이 세상에서 가장 널리 수행되는 불교의 형태인 이유입니다.

그러나 정토법문은 대부분의 사람에게 아직도 많이 생소합니다. 그래서 이 책의 첫 번째 목표는 정토의 가르침과 대승불교에 대해 전반적으로 쉽게 소개하는 것입니다.

이 책의 두 번째 목표는 사람들이 우리에게 물어왔던 정토법에 관련된 실제 질문들을 다루는 것입니다. 이 질문들 중 많은 것들은 법문하는 동안에 우리 신도님들이 했거나 우리 웹사이트를 방문한 네티즌들이 한 것입니다. 저는 이 모든 분들의 참여에 감사드립니다. 그렇지 않았다면 이 책은 불가능했을 것입니다.

마지막으로, 큰 인기에도 불구하고 정토불교는 정토 수행을 하는 대다수의 사람에 의해 잘못 이해되고 있습니다. 예를 들어 가정환경이나 문화를 통해 정토불교에 익숙한 많은 이들이 사실 바른 가르침에 대해 거의 알지 못합니다. 그들이 자라온 전통을 따를 수도 있고, 사랑하는 사람이 세상을 떠나면 사찰을 찾아 도움을 받을 수도 있지만, 정토불교에 대한 이해는 종종 미신으로 전락합니다. 그러므로 이 책의 세 번째 목표는 정토법에 대한 몇 가지 일반적인 잘못된 인식을 바로잡는 것입니다.

이 책의 제1부에서는 인과, 윤회, 깨달음, 성불에 이르는 길에 대해 다룸으로써 괴로움의 문제에 대한 불교적 해법을 간략하게 소개합니다. 제2부부터 제5부까지는 정토 수행의 기본 요소를 설명하고, 제6부는 정토 수행법에 대해 설명합니다. 마지막으로 제7부와 제8부는 맺음말, 구체적인 질문을 다루는 Q&A 문답, 주요 용어해설을 덧붙였습니다.

1960년대에 대승불교를 중국에서 서양으로 전하신 저의 은사 스님인 선화宣化 큰스님께 은혜를 입었으니, 저는 스승이 되어 제가 배운 것을 다음 세대에 전해 은사 스님의 은혜에 보답하겠다고 원을 세웠습니다.

우리와 함께 공부하고 수행하며 염불을 배우는 많은 이들이 원하는 목표를 이루고 도업을 성취하길 간절히 기원합니다.

제1부 불교 기초

석가모니 부처님: 우리의 본래 스승

석가모니 부처님은 불교의 창시자입니다. 석가모니 부처님은 인류에게 알려진 가장 최근의 부처님입니다. 세계 각지의 사찰에서, 가정에서, 그리고 불제자 또는 단순히 아시아 예술을 동경하는 사람들의 정원에서 찾아볼 수 있는 불상이나 불화를 바라보면 석가모니 부처님과 닮은 모습을 보고 있을 가능성이 높습니다.

석가모니는 '석가족의 성자'라는 뜻으로, 현재 네팔 지역의 통치 가문에서 고타마 싯다르타로 태어났습니다. 2,500여 년 전 그가 태어났을 당시 현인은 싯다르타가 위대한 통치자가 되거나, 아니면 출가해서 지혜로운 정신적 스승이 될 것이라고 예언했습니다.

싯다르타의 아버지 정반왕(슈도다나Suddhodana)은 아들이 자신의 뒤를 이어 위대한 통치자가 되기를 원했습니다. 아들이 왕조와 모든 것을 버릴 것이라는 예언대로 되지 않도록 대비하기로 결심한 왕은 싯다르타가 결코 떠나고 싶지 않을 만큼 즐거운 삶을 누리게 해주기로 했습니다.

그리하여 어린 시절부터 성인이 될 때까지 싯다르타는 궁궐 담장 밖의 생활로부터 격리되었습니다. 싯다르타는 사촌인 야소다라 공주와 결혼했고, 그들을 위해 특별히 지어진 몇 개의 궁전 중 한 곳에서 함께 살았습니다. 그러나 싯다르타를 세상의 문제로부터 보호한다고 해서 그에게 행복을 가져다주지는 않았습니다. 오히려 싯다르타는 환멸을 느끼게 되었습니다. 왕의 내키지 않은 승낙을 받은 싯다르타는 궁궐 담장 밖으로 네 차례 여행했고, 이러한 경험은 그의 인생을 바꾸어 놓았습니다.

처음 세 번의 탐험 동안 싯다르타는 병듦, 늙음, 죽음과 맞닥뜨렸고, 이것은 그를 크게 괴롭혔습니다. 그는 '세상에 이렇게 많은 괴로움이 있는데 내가 어떻게 즐거운 삶을 누릴 수 있을까?'라고 자신에게 물었습니다. 네 번째 외출에서 그는 괴로움을 끝낼 방법을 찾기 위해 속세의 소유물을 포기한 출가 수행자를 만났습니다. 이 출가 수행자에게 깊은 인상을 받은 싯다르타는 떠도는 수행자의 삶을 위해 왕국, 가족, 그리고 자신이 소유한 모든 것을 버리기로 결심했습니다.

이제 그는 자신을 그저 고타마라고 불렀습니다. 거지의 누더기를 입고, 세속적인 욕망과 쾌락을 버리는 상징으로 머리카락을 잘랐습니다. 진리를 추구하면서 고타마는 당대 가장 지혜로운 스승들을 만났지만, 아무도 어떻게 고통을 끝내는지 알려주지 못했습니다. 그는 바깥에서 지혜를 찾던 것을 그만두고, 안으로 돌려 내면에 집중했습니다. 고행이 지혜를 가져다줄 것이라는 그 당시 만연했던 믿음을 받아들여 극도의 고행을 했습니다. 그러나 6년간 자신을 극도로 혹사한 끝에, 완전히 호화로운 생활이나 또는 그와 완전히 상반되는 극심한 고행으로 얻을 것이 없다는 것을 깨닫게 되었습니다. 고타마는 '중도'의 철학을 이해하게 되었습니다. 그는 극단적인 행위를 그만두고 건강하게 먹기 시작하더니 다시 기운을 차렸습니다. 균형을 찾은 고타마는 지혜를 얻을 수 있었습니다.

어느 봄날, 고타마는 보리수나무 아래에 앉아 고통을 끝내는 데 흔들림 없이 집중하며 깊은 명상에 들었습니다. 49일 동안 그는 마왕 파순(마라Mara)의 공격에 맞서 싸웠습니다. 마왕 파순은 고타마가 깨달음에 이르는 것을 막으려고 폭풍, 우박, 불타는 바위로 포위했지만 고타마는 꼼짝도 하지 않았습니다. 그러자 마왕은 마군을 보내 고타마를 공격했습니다. 이것이 실패하자 마왕은 아름다운 딸들을 보내 고타마를 유혹하려 했습니다. 그러나 공덕을 쌓았기에 고타마는 흔들리지 않았습니다. 엄청난 선정의 힘으로 인해 마왕 파순의 모든 공격을 성공적으로 물리칠 수 있었습니다.

마의 시험을 성공적으로 통과한 고타마는 이 세상에서 괴로움의 원인과 어떻게 하면 다른 사람들이 괴로움을 끝내도록 도울 수 있는지를 홀연히 알게 되었습니다. 고타마는 자신의 무명無明의 속박을 부수고, 완벽하고 완전한 깨달음을 얻었습니다. 그는 부처가 되었고, 너무나 원만한 지혜의 경지에 이르러 중생의 마음과 우주 전체의 운행 등 알 수 있는 모든 것을 알았습니다. 그 때부터 고타마는 석가모니 부처님이라는 이름으로 불렸고, 그 후 49년의 삶을 법을 설하며 보냈습니다.

부처님이 깨달았을 때 열반에 이르렀는데, 열반이란 산스크리트어 니르바나(Nirvana)의 음역으로 '적寂' 또는 '적멸寂滅'을 뜻합니다. 열반은 불가사의한 자유와 행복의 경계로, 모든 괴로움은 물론 사고하는 마음의 기능이 멈추는 것입니다. 부처님께서 돌아가셨을 때 '열반에 드셨다'라고 했는데, 즉 육신을 벗고 우리의 이성적인 사고로는 도저히 이해할 수 없을 정도로 매우 깊은 완전히 평온한 경지에 들어간 것입니다.

그런데 열반에 들기 전에 부처님은 대가섭 존자에게 법을 전했고, 가섭 존자는 정통 불교의 초대 조사가 됩니다. 이리하여 정법의 전승과 보급을 책임지는 조사의 법맥이 시작되었습니다.

인도에서 불교가 오랫동안 쇠퇴한 후, A.D. 470년 보리달마 조사가 중국에 정통 불교를 전했습니다. 수 세기를 거쳐 정통 불교는 한국, 일본, 베트남, 태국, 캄보디아 등 동아시아 전역으로 퍼져나갔습니다. 1962년 선화宣化 조사는 조사들의 일을 계속하여 중국에서 미국으로 정법을 전했습니다.

2

괴로움, 그 박탈할 수 없는 권리

인류 역사에서 부처님의 지혜를 뛰어넘을 사람은 없습니다. 일반적으로 우주에 대한 깊은 이해와 특히 자연계, 즉 모든 유정중생과 무정중생에 대한 깊은 이해에서 출발하여, 석가모니 부처님이 인류에게 전한 첫 번째 가르침 중 하나는 괴로움의 진리였습니다. 이 가르침은 우리가 일반적으로 알고 있는 삶 자체가 괴로움이라는 것입니다.

이것이 부처님의 비관주의인가요? 아닙니다. 사실 이것은 우리 중 많은 이들이 쓰도록 훈련받은 장밋빛 안경(낙관적 시각) 없이 인간의 상태를 있는 그대로 보는 것입니다.

보통 사람들이 '행복'이라고 부르는 것은 기껏해야 일시적이고 무상합니다. 선물을 사거나 받을 때 행복이 얼마나 오래 지속되나요? 하루, 한 달, 일 년? 기대하는 바가 실현되지 않거나 잠깐 동안의 기대는 괴로움의 한 측면입니다. 개인적인 고통, 자기 의심, 질투, 슬픔, 상실은 우리 삶에서 겪게 되는 많은 형태의 괴로움입니다.

그러나 궁극적으로 불교는 전혀 비관적이지 않습니다. 사실 불교는 괴로움의 문제를 극복하고 진정한 행복을 실현하는 방법을 가르쳐준다는 점에서 매우 낙관적입니다. 역설적이게도 행복을 좇으려는 우리의 시도는 대부분 실제 불행으로 이어집니다.

우리의 일상은 괴로움으로 가득 차 있는데, 무엇보다도 우리가 흔히 행복이나 즐거움과 연관 짓는 활동에서 비롯됩니다. 우리의 감각기관은 세속적 쾌락을 갈망합니다. 마음은 우리의 감각을 만족시키기 위해 끊임없이 노력하고 있습니다. 모든 중생은 그들의 감각기관 안에서 산다고 하는데, 이는 물질세계로 가는 우리의 다리입니다. 그러나 우리가 추구하는 행복은 즐거움과 그 반대인 괴로움으로 이루어집니다. 동전의 양면을 생각해보세요. 우리가 즐거운 면을 보기로 선택했다고 해서 불쾌함이 존재하지 않는 것은 아닙니다.

괴로움은 세 가지 유형(삼고三苦)으로 나눌 수 있습니다.

- 고고苦苦: 못 가진 자와 기대에 계속 못 미쳐 실망이 끊이지 않는 자들의 괴로움이라고도 합니다. 예를 들어 이미 먹고살기 힘든 사람이 설상가상으로 건강 보험이 없는 상태에서 병에 걸릴 수 있습니다. 따라서 괴로움의 원인은 크게 증가할 수 있습니다. 괴로움은 괴로움을 악화시킵니다. 결핍으로부터 부러움과 질투가 샘솟게 할 수 있으며, 이는 증오를 낳을 수 있습니다.
- 괴고壞苦: 부유하지만 엄청난 손실을 입은 이들을 가리킵니

다. 예를 들어 재산을 잃어 가난해지고, 집을 잃고, 실직하고, 외로워질 수 있습니다. 고난에 익숙하지 않은 사람이 이런 고통을 감당하기엔 역부족일 수도 있습니다. 사랑하는 사람의 죽음으로 우리는 더욱 고통스러운 손실을 겪을 수 있습니다.

- 행고行苦: 우리의 생각이나 육체적 껍데기인 인간의 몸뚱이에 상관없이 우리는 나고 죽는 생사의 순환을 피할 수 없습니다. 우리는 태어나고, 늙고, 병들고, 결국 죽습니다. 아무리 돈이 많아도 죽음을 향한 이 거침없는 행진을 멈출 수 없습니다. 괴롭지 않은가요?

이 세 가지 분류 외에도 괴로움을 다음의 여덟 가지 유형(팔고 八苦)으로 나눌 수 있습니다.

- 생生: 출생은 엄마와 아이 모두에게 고통스러운 과정입니다. 대부분의 여성은 진통을 겪으며, 아이는 안전한 자궁 환경을 떠나는 트라우마를 겪어야 합니다.

  중국의 현인들은 이 세상에 태어나는 경험이 살아 있는 거북이의 등껍질을 벗겨내는 것과 같이 고통스럽다고 말합니다!

- 노老: 우리는 모두 젊음의 상실, 필연적인 육체의 쇠퇴, 정신적 악화에 직면해야 합니다. 우리 몸이 노화하는 것에 더 이상 대처할 수 없어서 육체적 고통이 생길 수 있습니다. 걷는 데 어려움을 겪을 수도 있고, 치아가 망가질 수도 있고, 기력

이 떨어질 수도 있고, 다른 질병으로 고생할 수도 있습니다. 나이가 들면서 우리는 정신적인 예리함을 조금 잃습니다. 우리는 건망증이 생길 수 있습니다. 연속되는 생각을 지속할 수 없을 수도 있고, 정신적으로 악화될 수도 있습니다. 이것은 괴로움의 정신적 측면 중 하나입니다.

- 병病: 병은 우리 모두에게 예외 없이 닥칠 것입니다. 그리고 만약 우리가 질병으로 육체적 고통을 받는다면, 우리 가족과 사랑하는 사람들은 걱정, 슬픔, 불면 등의 형태로 고통받을 것입니다. 그들은 심지어 우리가 처한 곤경 때문에 자신의 일을 뒷전으로 미룰 수도 있습니다.

- 사死: 우리 대부분은 죽음을 두려워합니다. 우리 중에서 가장 아프고 가장 비참한 사람조차도 죽음과 마주하는 데 어려움을 겪습니다. 이는 아마 우리가 아는 것에 집착하고 미지의 것을 두려워하기 때문일 것입니다.

- 애별리고(愛別離苦: 사랑하는 사람과 헤어지는 괴로움): 우리는 사랑하는 사람들과 함께 있기를 갈망하지만, 때로는 그들과 떨어져 있어야 합니다. 헤어짐은 여행에서처럼 일시적일 수도 있고, 죽음에서처럼 영원할 수도 있습니다. 어느 경우든 갈망은 큰 불안과 괴로움을 초래할 수 있습니다.

- 원증회고(怨憎會苦: 미워하는 사람과 만나는 괴로움): 우리는 종종 혐오하는 사람들과 함께 해야 합니다. "적을 보는 것은 눈이 찔리는 것과 같으며, 싫어하는 사람과 함께 있는 것은 쓴

맛을 맛보는 것과 같고 못 박힌 침대에서 자는 것과 같다."라는 말이 있습니다.

- 구부득고(求不得苦: 구하는 것을 얻지 못하는 괴로움): 우리는 원하고 바라는 것이 이루어지지 않을 때 불행에 허덕일 수 있습니다. 욕망이 강할수록 채워지지 않았을 때의 실망감은 더 쓰라립니다. 우리 중 많은 이들이 자신이 갈망하는 명성, 부, 사랑을 성취하지 못합니다.

- 오온성고(五蘊盛苦: 오온이 불길처럼 타오르는 괴로움): 오온의 온蘊은 산스크리트어 스칸다(Skandha)로 '쌓다', '모으다', '무더기'의 뜻입니다. 우리 인간 존재는 다섯 가지 측면으로 정의됩니다.

1. 색色: 육체의 형상
2. 수受: 즐거운 느낌 또는 괴로운 느낌
3. 상想: 사고 작용
4. 행行: 보통 우리가 의식하지조차 못하는 마음의 저변의 흐름과 같은 잠재의식
5. 식識: 우리의 의식

이 오온은 쌓이고 쌓여, 우리가 감당하지 못하게 해서 마음을 미혹하게 합니다.

여기서 언급한 삼고三苦와 팔고八苦는 우리의 경험을 살펴보는 두 가지 다른 틀을 제공합니다. 하지만 사실 수많은 종류의 괴로움이 있습니다. 만약 우리가 우리 안에 있는 괴로움의 존재를 먼저 자각할 수 있다면, 결국 괴로움을 완전히 제거하는 방법을 배울 수 있습니다.

이것이 불교 가르침의 본질입니다. 우리는 우리가 이해하는 것을 여러분과 공유합니다. 우리는 여러분의 삶을 향상시키는 방법을 제안합니다. 만약 여러분이 간절하고 진전을 이루고 싶다면, 어떻게 하는지 배울 수 있습니다.

부처님은 자신의 인간적 존재 속에서 괴로움을 인식하고, 괴로움을 끝내기로 결심했습니다. 깨달음을 얻은 부처님은 자신의 목표를 달성했고, 그리하여 이후 49년간 괴로움을 끝내고 행복을 얻는 방법을 가르치며 보낼 수 있었습니다. 그 후 부처님의 많은 제자들이 부처님의 가르침에 따라 수행해 열반을 증득했습니다.

열반이란 무엇일까요? 불교의 성인만이 이해하고 성취할 수 있는 완전한 자유와 행복의 경지입니다. 비록 열반이 무엇인지 우리가 완전히 이해하지 못하더라도, 열반이 가장 높은 목표이며 한 사람이 추구할 수 있는 가장 가치 있는 성취라고 해도 과언이 아닙니다. 그보다 더 작은 것에 안주해서는 안 됩니다.

3

삼독

괴로움의 문제에 대한 불교의 해법을 이해하려면 먼저 괴로움
이라는 문제 자체에 대해 더 잘 이해해야 합니다.

탐·진·치(탐욕·성냄·어리석음) 삼독三毒은 마치 독약과 같아
서 우리 마음을 해롭게 합니다. 삼독으로 인해 행위를 일으킬
때, 혹은 이런 생각을 마음에 심어도 미래에 괴로움을 야기하는
과보를 받게 됩니다. 그런데도 많은 사람이 삼독에 탐닉하는 위
험을 알지 못하는 것 같습니다.

탐욕스러운 마음은 결코 만족하지 못합니다. 아무리 가진 것
이 많아도 항상 부족한 것 같습니다. 알코올 중독자는 딱 한 모
금만 더 마시고 싶어 합니다. 부유한 재벌은 백만 달러를 더 원
합니다. 둘 다 자신이 원하는 것을 얻기 위해 기꺼이 극단으로
치닫습니다. 인간은 자신의 과한 욕심을 채우려고 기꺼이 많은
악을 저지를 수 있습니다.

우리는 원하는 것을 얻을 수 없으면 보통 화가 납니다. 우리
를 방해하는 사람들에게 불만을 표출합니다. 그들을 비난하고,
우리를 방해한 그들을 벌주는 것이 정당하다고 느낍니다. 분노

때문에 다른 사람들을 해치는 것이 정당하다고 느낄 수도 있습니다.

어리석음은 미혹하거나 맑은 생각의 결여에서 생깁니다. 우리는 단순히 이해할 수 없어서, 결과적으로 나중에 후회하는 어리석은 일들을 합니다. 특히 메아리가 소리를 따르듯, 그림자가 형체를 따르듯, 모든 행위에는 결과가 따른다는 인과법칙을 많은 이들이 고려하지 않습니다.

마음의 삼독을 제거하기 위해 부처님은 계정혜를 가르쳤습니다. 계율을 수지하면 탐욕을 뿌리 뽑을 것입니다. 선정, 즉 집중을 닦으면 성냄을 없앨 것입니다. 지혜를 열면 어리석음을 여읠 것입니다.

계율은 불교의 도덕규범입니다. 오계는 다른 모든 불교 계율의 기초를 이룹니다. 오계는 다음과 같습니다.

1. 살생하지 말라: 아무리 정당하다고 느껴도 다른 생명을 빼앗으면 안 됩니다.
2. 도둑질하지 말라: 도둑질은 물질적인 재산, 신분, 배우자, 타인의 아이디어 등 다른 사람의 소유물을 허락 없이 가져가는 것입니다. 이런 행위는 파괴적입니다. 우리 아이들에게 도둑질하지 말라고 가르쳐, 미래 세대가 안전하고 조화로운 세상에서 살 수 있는 더 좋은 기회를 가지도록 합시다.
3. 사음하지 말라: 사음은 혼외 성행위를 말합니다. 정절이라

는 결혼 서약을 어기면 부부간의 신뢰가 무너지고, 경우에 따라서는 결혼 생활이 파탄 납니다. 더 나아가 오계를 지키는 불자들은 혼전 성관계를 하지 말라고 배웁니다.

4. 거짓말을 하지 말라: 이것은 작은 거짓말에서 큰 거짓말까지 아우릅니다. 중국인의 말처럼, 마음은 "예."라고 하지만 입은 "아니요."라고 말할 때, 즉 자신의 말이 사실이 아니라는 것을 알 때 거짓말입니다.

상습적인 거짓말쟁이는 자신의 내적 갈등을 최소화하기 위해 먼저 자신을 속인다는 것을 알아차리지 못합니다. 많은 사람이 자신의 거짓말이 사실이라고 스스로를 납득시키는 데 몰두한 나머지 다른 사람들이 자신의 거짓말을 전혀 믿지 않는다는 신호를 인식하지 못합니다.

거짓말이 발각되지 않은 '성공한' 거짓말쟁이들은 어떨까요? 그들은 삶이 진실하지 못하고 아무도 그들을 진정으로 신뢰하지 않기 때문에 매우 외로운 경향이 있습니다. 에이브러햄 링컨이 말한 것처럼 "모든 국민을 잠시 속이거나 일부 국민을 영원히 속일 수 있지만, 모든 국민을 영원히 속일 수는 없습니다."

5. 술이나 중독성 물질을 취하지 말라: 중독성 물질에는 술, 담배, 마약 등이 포함됩니다. 중독성 물질은 마음을 흐리게 하고 앞의 네 가지 계율을 범하기 쉽게 합니다. 따라서 다섯 번째 계율을 차계(遮戒: 그 자체는 악이 아니지만 이로 인하여 죄

악이 수반되기 때문에 금하는 계율)라고 합니다.

우리 제자 중 한 명은 퇴근 후에 긴장을 풀려고 한잔하는 것을 즐깁니다. 술을 마시면 그녀의 기분이 좋아집니다. 많은 사람이 동의할 것입니다. 한 잔만 마시면 해롭지 않습니다! 심지어 하루에 한 잔씩 마시는 것이 심장에 좋다는 연구도 있습니다. 그러나 술은 신체 기능을 저하시키고, 장기적으로 음주는 선 수행이나 다른 정신적 수행에 이롭지 않습니다. 특히 술은 마음과 판단을 흐리게 할 수 있는데, 반면에 지혜를 개발하려면 분명하게 보아야 합니다.

긴장을 이완하고 싶으면 선 수행을 배워볼 수 있습니다. 『선 수행 지침서(The Chan Handbook) – 초보자를 위한 선 수행 안내서』를 구해 선 수행을 배울 수 있습니다. 연구에 따르면, 선 수행 또는 명상은 스트레스를 줄이고, 건강을 증진시키며, 혈압을 낮추고, 음식에 탐닉하는 충동을 조절하는 데 도움을 줄 수 있습니다.

앞의 네 가지 계율은 '성계(性戒: 그 행위 자체가 그대로 죄인 것)'라고 합니다. 이런 계율에 어긋나는 것은 우리의 본성과 어긋나는 것입니다. 바꿔 말해서, 미혹하지 않으면 그에 대한 행동은 고사하고 그런 생각조차 하지 않을 것입니다. 세계의 모든 주요 종교들이 앞의 네 가지 계율과 동일한 특성을 공유하고 있다는 것은 놀랄 일이 아닙니다.

계율을 지키면 삼매가 생길 수 있습니다. 삼매는 산스크리트어 사마디(Samadhi)의 음역으로 정정正定, 바른 집중을 뜻합니다. 즉 한 대상에 집중하며 다른 어떤 것에도 흐트러지지 않는 능력입니다. 삼매는 챔피언 운동선수가 관중의 소음이나 바람에 정신 팔리지 않고 당면한 과제에 집중할 수 있게 해주는 것입니다.

불교는 삼매력을 개발하는 수승한 방법이 많이 있습니다. 인생에서 야망을 이루려면 정신을 집중하는 법을 배워야 합니다. 선 수행뿐만 아니라 계율을 지키는 것은 여러분이 야망을 성취하는 데 필요한 집중력 개발을 도와줄 수 있는 많은 도구 중 하나입니다.

삼매가 있으면 외부의 방해에 영향을 받지 않을 것입니다. 당신은 좀 더 균형 잡힐 것입니다. 마음은 한결 안정될 것이고, 기복이 심하지 않을 것입니다. 이것이 내면의 평온입니다. 이것은 성냄이 없는 것입니다. 이것은 어떤 정신적 추구를 하지 않는 한 대부분의 사람이 경험할 수 없는 경지입니다.

삼매는 지혜를 열 수 있습니다. 충분한 삼매력이 없이는 지혜가 열릴 수 없습니다. 불자들은 우리가 모두 본래 지혜를 구족하고 있다고 믿습니다. 수행은 우리가 이미 가지고 있는 지혜를 열어 나가는 과정입니다. 그렇습니다. 가장 어리석고 미혹한 사람조차도 지혜로워질 수 있습니다. 왜냐하면 우리는 모두 부처의 지혜라는 같은 지혜를 본래 가지고 있기 때문입니다.

여기서 지혜는 단순히 지식이 아니라 반야 지혜 또는 출세간의 지혜를 가리킵니다. 불교의 목적은 사람들이 진리를 보고 체득하도록 하는 것입니다. 아직 진리를 체득하지 못한 사람들을 어떻게 알아볼 수 있을까요? 그들은 대체로 교만합니다. 그들은 종종 모든 것을 안다고 주장하며, 남을 비판하고, 인정받으려는 욕심이 있고 이익을 탐하는 경향이 있습니다.

지혜가 있는 사람을 어떻게 알아볼 수 있을까요?

지혜로운 사람은 자신의 허물을 볼 수 있습니다. 그러므로 더 겸손하고 다른 사람을 그렇게 원망하지 않습니다. 그들은 다른 사람을 비난하지 않습니다. 그들은 남의 허물을 보지 않습니다. 그리고 결국 인과에 대해 깊이 이해합니다. 지혜로운 사람이 모든 괴로움을 끝내고 행복을 얻을 수 있는 방법이 이러합니다.

그에 반해서 우리 대부분은 미혹해서 남을 비난하고 탓하며 내 허물은 살피지 않는 경향이 있습니다.

마지막으로, 우리는 왜 삼독을 뿌리 뽑으려고 할까요? 현인들에 따르면,

- 탐욕은 아귀가 되는 씨앗을 심습니다. 이 존재들은 우리와 같은 세계를 공유하고 있는데, 우리가 볼 수 없는 빛의 어떤 파장이 있는 것처럼 다만 우리가 그들을 볼 수 없을 뿐입니다. 아귀는 늘 극심한 굶주림과 목마름을 겪습니다.
- 성냄은 지옥에 떨어지게 합니다. 불교에 의하면 지옥은 존재합니다. 이곳은 미래에 절대 태어나고 싶지 않은 곳입니다.

• 어리석음은 축생이 되게 합니다.

불교는 우리에게 익숙한 인간계 외에도 많은 다른 세계가 있다고 가르칩니다. 육체가 죽으면 불교에서 제8식이라고 하는 영혼은 새로운 몸으로 환생할 것입니다. 그런데 반드시 인간계로 태어나는 것은 아닙니다. 불교는 축생, 아귀, 지옥의 낮은 세계로 떨어지는 원인이 삼독이라고 가르칩니다. 이 세 영역은 악행을 저지르는 자들의 주요 목적지라는 점에서 '삼악도'라고 불립니다. 삼악도는 무시무시한 곳입니다. 왜냐하면 벗어나기가 매우 힘들고, 그곳에 태어난 모든 이가 여러 생을 거듭하면서 이루 말할 수 없는 고통을 겪을 것이기 때문입니다.

일부 독자들은 이러한 가르침에 회의적일 수 있습니다. 이 책을 계속 읽기를 원하는 독자들에게 우리는 열린 마음으로 읽기를 권합니다. 때가 되면 이러한 가르침에 공감하고 이익을 보게 될지도 모릅니다. 그렇지 않다면 불교의 형이상학적 주장을 제쳐두고, 많은 긍정적인 건강상의 이점뿐만 아니라 평온과 행복감을 줄 수 있는 명상 같은 실질적인 수행 방법에만 전념해도 됩니다.

4

인과

괴로움의 문제를 해결하려면 먼저 인과의 법칙을 이해해야 합니다.

우주 전체에서 우연히 변하는 것은 아무것도 없습니다. 모든 것은 보편적인 법칙을 따릅니다. 그 법칙은 흔히 업이라고 잘못 일컬어지는 인과입니다. 그러나 엄밀히 말하면 업은 신체적이든 정신적이든 행위만을 의미하며, 근본적으로 업은 행위의 기초를 이루는 정신적인 의도나 의지를 가리킵니다.

불교는 모든 행위가 미래에 업보라고 하는 특정한 결과를 낳을 것이라고 가르칩니다. 반대로 현재 우리가 겪고 있는 모든 것은 이전의 행위, 즉 과거에 지은 업에 의한 것입니다. 원인과 결과의 이러한 상관관계는 보편적인 법칙이지 임의적인 것이 아닙니다.

인과법은 주는 사람도 창조주도 필요 없이 조용하고 공정하게 지배합니다. 괴로움의 문제를 해결하고 깨달음을 얻으려면 반드시 인과를 이해해야 합니다.

저의 제자 중 한 명은 불교가 더 과학적이기를 바란다고 말했습니다. 그 이유는 자신의 신심을 깊게 하기 위해 더 많은 사실이 필요했기 때문입니다. 저는 그 제자에게 "모든 작용에는 크기가 같고 방향이 반대인 반작용이 항상 존재한다."라고 설명하는 뉴턴의 운동 제3법칙을 살펴보라고 권했습니다. 이것은 인과에 대한 명쾌한 설명입니다. 이것보다 더 과학적인 게 뭐가 있을까요?

업이라는 상황에서 크기가 같고 방향이 반대인 반작용의 개념을 이렇게 설명할 수 있습니다. 선을 행하면 복을 받고, 악을 행하면 반드시 악한 결과를 받을 것입니다. 바꿔 말하면, "뿌린 대로 거둡니다."

복은 업이라는 은행 계좌에 있는 화폐와 같습니다. 은행 계좌에 돈이 충분히 있으면 원하는 것을 살 수 있습니다. 마찬가지로 업의 계좌에 복이 많이 있으면 좋은 일이 저절로 찾아올 것입니다. 반면 과거에 많은 사람에게 피해를 줬다면 우리 계좌는 적자일 것이고, 결국 빚을 다 갚을 때까지 나쁜 일들이 일어날 것입니다. 사실 우리는 모두 선업과 악업을 다 갖고 있습니다.

인과의 힘은 현재 삶의 일들을 형성할 뿐만 아니라, 죽은 후에 어떻게 될 것인지, 그리고 우리가 지금 있는 곳에 어떻게 태어났는지를 좌우합니다.

다음 장에서는 윤회에 대해 좀 더 자세히 살펴볼 것입니다. 지금은 우리가 인간이 된 것이 과거 생에 인간이 되는 씨앗을 심었기 때문이란 것만 알아두세요. 그 씨앗은 3장에서 설명한 불교의 오계입니다.

마찬가지로 십선행十善行을 닦아 내생에 신이나 천인이 되는 씨앗을 심을 수 있습니다. 다음의 십선행 중 앞의 네 가지는 입으로 짓는 것이고, 그다음 세 가지는 마음으로 짓는 것, 마지막 세 가지는 몸으로 짓는 것입니다.

1. 불악구(不惡口: 욕설, 거친 말, 악담을 하지 않는다)
2. 불망어(不妄語: 거짓말을 하지 않는다)
3. 불양설(不兩舌: 이간질하는 말을 하지 않는다)
4. 불기어(不綺語: 교묘하게 꾸미는 말, 쓸데없는 말을 하지 않는다)
5. 불탐심(不貪心: 욕심을 부리지 않는다)
6. 불진심(不瞋心: 성을 내지 않는다)
7. 불치심(不癡心: 어리석은 마음을 내지 않는다)
8. 불살생(不殺生: 살아 있는 생명을 죽이지 않는다)
9. 불투도(不偸盜: 도둑질을 하지 않는다)
10. 불사음(不邪淫: 삿된 음행을 하지 않는다)

원인과 결과의 연관성을 이해할 때 어떻게 행동해야 가장 좋은지 알게 될 것입니다. 예를 들어 욕심이 없거나 인색하지 않은 사람들은 돈과 물질적인 형편에 짓눌리지 않을 것입니다. 그들은 더 만족하고 평온할 것입니다. 화를 내지 않는 사람들은 더 화목한 가정생활을 하는 경향이 있습니다. 욕망에 탐닉하지 않는 사람들은 대개 마음이 맑고 몸이 건강합니다.

그러나 많은 사람이 원인과 결과의 연관성을 명확하게 보지 못하고 이해하지 못합니다. 그 결과 겉으로 보이는 것에 쉽게 미혹되고, 자기밖에 모르고, 제멋대로 하기를 좋아합니다. 이 과정에서 부적절한 행동을 하고 주변 사람들에게 죄를 짓습니다. 그래서 대부분이 불행하고 번뇌합니다.

불교에서 싸우기 좋아하는 사람을 아수라*라고 부릅니다. 천성이 아수라인 사람은 몹시 번뇌가 많고 종종 싸움을 걸려고 합니다. 그에 반해서 부처님은 자신의 이해에 자신이 있었기 때문에 화를 내거나 대립하지 않았습니다. 자신이 진정으로 옳을 때, 다른 사람에게 자신을 변호하거나 정당화할 필요는 없습니다.

완전한 깨달음을 이룬 부처님은 모르는 것이 없습니다. 부처님은 우주를 지배하는 원인과 결과의 법칙을 명확하게 이해할 수 있습니다. 원인은 어떤 결과를 초래하는 근본 행위나 사건을 말합니다. 원인은 과정을 추진하는 힘이나 에너지를 포함합니다. 결과는 추진하는 힘의 구현을 나타냅니다. 원인과 결과는 불가분의 관계에 있습니다. 원인 없는 결과는 없고, 결과 없는 원인도 없습니다.

우리는 인과법칙에 관한 몇 가지 특징을 명심해야 합니다. "이

---

* 아수라는 지옥, 아귀, 축생, 인간, 천상과 함께 중생이 윤회하는 육도 중의 하나.

와 같은 원인으로 이와 같은 결과를 낳는다(여시인如是因, 여시과如
是果)." 바꿔 말하면, 심은 씨앗의 종류에 따라 다른 열매를 맺는
것처럼, 일반적인 결과는 각각의 원인에 의해 미리 결정됩니다.
원인은 씨앗이고, 결과는 열매입니다. 그러므로 남에게 고통을
주면 미래에 자신도 고통을 겪어야 할 것입니다.

역으로, DNA가 각각의 생물을 형성하는 것과 마찬가지로, 열
매에 원인이 구현됩니다. 사실 원인과 결과는 연속적인 사슬로
연결될 수 있는데, 화학반응에서처럼 각각의 결과가 다음 결과
의 원인이 됩니다.

그러나 특정 결과가 구체적으로 나타나는 것은 미리 결정되는
것이 아닙니다. 왜냐하면 정확히 어떻게 그리고 언제 결과가 발
생할지에 영향을 미치는 '조연(助緣: 도와주는 조건)'에도 의지하
기 때문입니다. 예를 들어 식물의 생육 과정에서 열매의 성장에
영향을 주는 조연이 있는데, 씨앗을 심으면 나무가 자라고 열매
를 맺기 위해서는 적절한 양의 햇빛, 물, 영양분과 더불어 적당
한 온도가 필요합니다. 따라서 원인에서 결과로의 진행은 상황
에 따라 느리거나 빠를 수 있습니다.

인과법칙을 이해하고 믿으면 미신을 타파하고 미혹을 없앨 수
있습니다. 모든 일은 다 이유가 있어서 일어나는 것이며, 우리의
미래는 다른 사람의 변덕이나 하느님보다는 우리 자신의 행위에
의해 결정된다는 것을 이해하게 될 것입니다.

업의 법칙을 믿으면 우리가 살면서 마주하는 고통이 우연이

아니라는 것을 알 수 있습니다. 오히려 금생이든 전생이든 우리가 과거에 행한 악행의 결과입니다. 이러한 이해는 우리가 겪고 있는 고통이 무의미한 것이 아님을 알 수 있게 해줍니다. 그 이면에는 이유가 있고, 따라서 우리는 그것으로부터 배울 수 있습니다. 이러한 접근 방식은 이 삶에서 겪어야 할 괴로움을 받아들이도록 도와줄 수 있습니다.

괴로움을 거부하고 끊임없이 부인하는 상태로 살려고 하는 것보다 괴로움을 더 악화시키는 것은 없습니다. 받아들이는 것은 매우 도움이 될 수 있습니다. 인과를 이해하면 상황이 뜻대로 되지 않을 때, 그 원인이 과거에 있다는 것을 알 수 있습니다. 그러면 우리의 문제와 어려움에 대해 다른 사람들을 탓하는 것을 멈출 수 있고 절망할 필요도 없습니다.

그러나 괴로움을 받아들이는 것이 우리 수행의 최종 목표는 아닙니다. 불교 수행의 목적은 모든 괴로움에서 벗어나는 것이기 때문입니다. 그러나 현실적으로, 이 목표를 이루기 전에 어느 정도의 괴로움을 겪어야 합니다.

제 스승이신 선화 큰스님께서는 자주 이렇게 말씀하셨습니다.

"괴로움을 참고 견디는 것이 괴로움을 끝내는 것이다."
"복을 누리는 것은 복을 다 써버리는 것이다."

우리가 겪는 괴로움은 다만 업의 빚을 갚기 위해 겪어야 하는 과보에 불과합니다. 다행인 것은 괴로움을 감내하면 할수록 업의 빚을 더 많이 갚고, 문제와 어려움은 더 빨리 끝날 것이라는 점입니다.

이렇게 생각해볼 수 있습니다. 우리 각자는 결국 겪어야 할 어느 정도의 악업이 있으니 지금 제거하는 편이 낫습니다. 이러한 이해는 괴로움을 훨씬 견디기 쉽게 해줄 수 있습니다.

게다가 신심이 있는 사람들에게 불교는 받아들이는 것을 넘어 실제로 업의 빚을 해결할 수 있는 많은 도구를 제공합니다. 예를 들어 우리가 과거에 해를 입혔을지도 모르는 사람들을 도와주는 데 공덕을 회향할 수도 있고, 참회하면서 부처님께 절을 할 수도 있고, 아니면 그저 다른 사람들을 위해 좋은 일을 함으로써 미래에 우리에게 좋은 일이 일어나도록 하는 씨앗을 심을 수도 있습니다. 이런 수행은 우리의 괴로움을 완화할 수 있습니다.

또한 인과법칙을 이해하면 인간성에 대한 믿음을 가지는 데 도움이 되며, 좋은 일을 하고 더 나아지기 위해 좋은 씨앗을 심는 이에게 좋은 일이 일어나리라는 것을 알 수 있습니다.

중국 속담에 "한 사람이 선행을 하면 천 명이 이익을 얻는다."라는 말이 있습니다. 예를 들어 나무 한 그루가 꽃을 피우면 주변의 나무들도 그 향기를 누릴 수 있습니다. 벌의 간단한 수분 작용은 꽃 한 송이를 넘어서 자연에 이로운 성장과 수정을 보장해줍니다. 마찬가지로 우리가 좋은 일을 할 때 우리 주변 사람들에게도 이로울 것입니다.

인과법칙을 이해하면 악을 삼가고 오직 선을 행해야 한다는 것을 알고 행동에 더욱 조심할 것입니다.

마지막으로, 우리는 깨달음으로 가는 길에서 인과법칙을 활용해야 합니다. 특히 수행에서 결국에는 깨달음의 싹을 틔울 바른 원인을 심어야 합니다. 예를 들어 깨달음으로 가는 길에 있는 다른 사람을 도와줌으로써 다른 사람이 우리가 미래에 깨달을 수 있도록 도와줄 원인을 심는 것입니다.

또한 6장에서 다룰 아미타불 염불을 하는 정토 수행법은 인과를 적용한 또 하나의 좋은 예입니다. 아미타불의 명호를 많이 외울수록, 그리고 염불에 집중해 삼매에 깊이 들수록, 궁극적으로 정토에 태어나기 위한 원인을 더 많이 심는 것입니다.

5

윤회

우리가 죽으면 완전히 사라지고 단지 먼지로 돌아간다고 믿는 사람들이 있습니다. 이것은 단견(斷見: 허무주의)입니다.

이와는 대조적으로, 영혼의 존재가 영원하다고 믿는 사람들도 있습니다. 예를 들어 죽은 후에 하늘로 올라가 영원히 천상의 복을 누릴 수 있다고 믿습니다. 이것은 흔히 보이는 상견(常見: 영원주의)입니다. 일반적으로 상견은 자아 또는 영혼이 영원하며 파괴될 수 없는 고정불변하고 본질적인 성품을 가지고 있다는 믿음입니다.

불교에서는 중도中道를 지향합니다. 영혼이 완전히 사라지지도 않으며 영원불변한 존재도 아니고, 오히려 각각의 영혼은 윤회하며 유전流轉한다고 믿습니다. 우리는 업의 결과로 수없이 많은 생사를 거듭합니다.

윤회는 산스크리트어 삼사라(Samsara)에서 왔습니다. 삼사라는 흔히 '윤회輪回'로 번역됩니다. 윤회는 바퀴 륜輪을 쓰는데, 바퀴는 수직 운동뿐만 아니라 원운동도 구현합니다. 바퀴의 이미지는 모든 중생이 우주의 다양한 곳에 태어나, 마치 굴러가는 바퀴처럼 오르락내리락하며 존재의 다양한 영역을 어떻게 쉬지 않고 계속 거치는지를 상징합니다. 바퀴는 또한 우리가 태어나고 죽을 때마다 어떤 몸을 받게 될 것인지를 좌우하는 근본적이고 끊어지지 않는 인과의 사슬을 상징합니다.

우주의 모든 것은 변화의 순환주기를 거칩니다. 윤회의 순환을 통한 생물의 진화는 우리를 둘러싼 자연계에서 일어나는 변화와 같이 역동적인 과정입니다.

존재 상태에서 자연적인 변화를 거치는 지수화풍의 사대四大 요소를 생각해 보세요.

흙의 요소(지대地大)를 보면, 본래 그저 흙에 지나지 않지만 도공이 흙으로 형태를 빚어 그릇으로 구워냅니다. 시간이 흐르면서, 그릇은 파손되어 결국 원래의 흙 상태로 되돌아갑니다.

물(수대水大)은 자체적으로 순환합니다. 바다와 호수로부터 증발하는 것에서 시작해 수증기가 하늘로 올라가고, 냉각되어 구름으로 응결됩니다. 구름이 모여 결국 물은 비로 땅에 떨어져, 원래의 액체 상태로 돌아갑니다. 그리고 다시 순환이 시작됩니다.

바람의 요소(풍대風大)는 공기의 움직임입니다. 공기는 태양에 의해 가열되고, 팽창하여 하늘로 올라가 빈 공간을 만듭니다. 빈 공간의 저기압은 다른 지역의 공기를 그쪽으로 이동시켜 바람을 일으킵니다. 공기의 움직임은 느리거나 빠를 수 있으며, 부드러운 바람이나 난폭한 토네이도를 일으킬 수 있습니다.

불의 요소(화대火大)는 열에서 비롯됩니다. 조건이 허락할 때 열은 불을 일으킬 수 있습니다. 잠재적 열은 이미 만물에 존재하며, 조건이 불의 형태로 열을 발현하기를 기다립니다. 예를 들어 나무 막대기 두 개는 이미 분자 구조에 저장된 에너지의 형태로 열을 포함하고 있습니다. 두 막대기를 함께 비비면, 열이 발현되어 불이 일어날 것입니다. 다시 말해서, 불 또한 눈에 보이거나 보이지 않을 수 있는 다양한 발현 상태로 순환합니다.

우리 몸은 이 사대 요소가 임시로 결합한 결과입니다. 예를 들어 지대地大는 뼈, 근육 등의 형태로 우리 몸에 단단함을 줍니다. 수대水大는 피, 눈물 등을 구성합니다. 호흡과 심장의 박동은 풍대風大에 기초합니다. 마지막으로 우리 몸의 열은 화대火大에서 나옵니다. 네 가지 구성 요소처럼 우리 몸도 업력業力에 이끌려 윤회를 겪어야 합니다.

더 큰 규모로 보면, 불교에서 세계라고 하는 각각의 은하도 일종의 윤회를 통해 순환해야 합니다. 각각의 세계는 성주괴공成住壞空의 네 가지 순환을 거쳐야 합니다. 더 구체적으로 보면, 각 세계는 먼저 생성되고, 그다음 성장하고, 쇠퇴하고, 마침내 사라집니다. 우주 전체에 걸쳐 인과법칙이 지배하는 경이로운 운율 속에서 한 세계가 생겨나는가 하면 다른 세계는 사라집니다.

평범한 중생은 자신이 지은 업에 이끌려 다음의 육도六道에서 윤회합니다.

지옥계: 예, 지옥은 정말 존재합니다. 이곳은 가장 가고 싶지

않은 곳입니다.

지옥은 극심한 고통이 특징입니다. 지옥의 죄인들은 매우 긴 기간 동안 끊임없는 고문을 받습니다. 그런 기간이 끝나면 그들은 지옥에 다시 태어나 과보를 계속 받습니다.

어떻게 지옥에 떨어질까요? 만약 이번 생에 지옥으로 가는 원인을 심으면, 사후 지옥에 태어날 가능성이 큽니다. 특히 분노에 굴복하면 지옥에 떨어지는 씨앗이 생깁니다. 이에 대해 뒤에서 더 자세히 설명할 것입니다.

아귀계: 불교는 인간이 있는 것처럼 아귀가 있다고 가르칩니다. 아귀는 주로 음의 존재로, 음은 중국의 전통 철학과 의학에서 양과 상반되는 어둠의 힘입니다. 이런 존재들은 끊임없는 목마름과 배고픔으로 인해 큰 고통을 받습니다. 마실 물이나 먹을 음식이 없어지기 전까지 여러분은 그 고통이 어떤 것인지 전혀 알 수 없습니다. 죽고 싶어도 죽지 못해서 너무 괴롭습니다! 아귀는 인간 세계의 가운데에 존재합니다. 그러나 우리는 보통 그들을 볼 수 없습니다. 왜냐하면 우리가 감지할 수 없는 파장에 존재하는 적외선이나 전파처럼 우리의 일상적인 지각의 범위 밖에 있기 때문입니다.

어떻게 하면 아귀가 될까요? 탐욕스러운 마음을 품으면 미래에 아귀 몸 받을 원인을 심을 것입니다.

축생계: 축생계, 아귀계, 지옥계를 '삼악도'라고 하는데, 왜냐하면 그곳에는 많은 고통이 있고, 매우 오랜 기간 머무르며, 그곳

에서 벗어나기가 매우 어렵기 때문입니다.

어떻게 축생의 몸을 받을까요? 어리석음의 원인을 심음으로써 축생으로 태어납니다. 지나친 감각적 쾌락에 탐닉하고, 의미 없이 살고, 자아에 굴복하면 반드시 이 세계로 떨어질 것입니다.

아수라계: 아수라는 우리 세계와 분리된 그들 자신의 세계에 존재할 뿐만 아니라 모든 다른 세계에도 존재합니다. 아수라는 자신을 위해 싸우고 언쟁하고 충돌하는 것을 좋아합니다. 예를 들어 인간계에 있는 많은 아수라가 군인, 권투선수, 또는 전투적인 성질의 사람이 됩니다. 심지어 인정받고 존경받는 많은 전문가도 아수라입니다. 그들의 아수라 천성을 바로 알아볼 수 있습니다. 왜냐하면 그들은 주변 사람들과 갈등을 빚는 경우가 많으며, 요청하지 않았는데도 자신의 의견을 내놓겠다고 고집하기 때문입니다.

부처님은 자신이 죽은 후 세상이 점차 쇠퇴할 것이라고 예언했습니다. 우리는 오늘날 세계에서 갈등의 패턴을 보고 있으며 문화, 종교, 정치 집단, 심지어 젊은이들 사이의 불협화음을 봅니다. 덕을 행하는 데 일생을 바치는 사람은 거의 없고, 대신 싸우기를 좋아하는 사람이 많습니다. 아수라는 오늘날 세계에 흔히 있습니다.

인간계: 인간은 음과 양의 혼합체이자 선과 악의 조합입니다. 인간계와 그다음의 천상계는 다른 네 세계에 태어나는 것보다 수행하기에 훨씬 더 좋습니다.

인간 몸을 받기 위해서는 오계를 닦아야 합니다.

천상계: 십선행을 닦고 오계를 지켜 천상에 태어나는 원인을 심습니다.

천상에서는 모든 것이 뜻하는 대로 됩니다. 이제 편히 앉아서 누릴 수 있을 만큼 충분한 복을 지었기 때문에 천상에 태어납니다. 천상은 더없이 행복합니다. 유일한 단점은 천상이 영구적인 해결책이 아니라는 것입니다. 때가 되면 천상에 있는 이들은 모든 복을 다 써버리고 다시 낮은 세계로 떨어져 윤회를 계속할 것입니다.

육도가 이러합니다. 윤회에서 벗어나기 위해서는 성문, 연각(벽지불), 보살, 부처의 사성계四聖界에 이를 수 있도록 부지런히 수행해야 합니다. 이러한 다른 단계의 지혜에 대해서는 8장과 9장에서 다루겠습니다.

그런데 먼저 윤회를 뒷받침하는 몇 가지 증거를 살펴보겠습니다.

윤회를 믿게 된 한 유명한 의사가 있었습니다. 환자 중 한 명이 전생의 트라우마를 기억해내고 나서 삶에서 겪고 있는 불안과 공포를 완화하는 데 도움이 되자 윤회를 믿게 된 것입니다. 더 많은 환자가 전생으로 회귀하는 것을 보고 나서 그의 믿음은 더욱 확고해졌습니다.

컬럼비아대와 예일대 의과대학원을 졸업한 이 의사는 전통 요법과 최면 요법을 병행해 환자가 증상을 극복하도록 도왔습니다. 최면 상태에서 환자는 일련의 전생을 경험했고, 이 세상에서 다른 세상의 더 높은 존재들과 말할 수 있었습니다.

또한 최면 상태에서 환자는 의사의 죽은 아버지와 아들과 연결되었고, 의사의 아들이 희귀한 심장 질환으로 인해 유아기에 사망했다고 의사에게 말했습니다. 이것은 환자가 알 수 없는 정보였고, 이로 인해 의사는 그 환자가 다른 영역으로 들어갔다고 확신하게 되었습니다.

여기 윤회에 대한 몇 가지 다른 이야기들이 있습니다.

20세기 전반 인도 델리에 파테데빈(Phatedevin)이라는 8살 소녀가 살았습니다. 그녀는 120마일(190km)이나 떨어져 있는 다른 도시 미타에 가서 남편을 볼 수 있게 허락해 달라고 자주 울면서 부모를 졸랐습니다. 당황한 그녀의 부모는 기자에게 그 일에 대해 조사해 달라고 부탁했습니다.

파테데빈은 전생에 선생님과 결혼해 아들을 낳았다고 기자에게 말했습니다. 아들이 11살이었을 때 그녀는 병에 걸려 세상을 떠났습니다. 기자가 증거를 요구하자 그녀는 금, 은, 보석을 특정 장소에 묻었다고 말했습니다. 또한 특정한 문구가 담긴 친구가 준 부채 선물에 대해서도 말해 주었습니다.

기자는 미타에 가서 선생님을 찾았고, 선생님의 부인이 9년 전에 세상을 떠났다는 사실을 확인했습니다. 또한 글이 적힌 부채의 존재를 포함해 소녀가 주장한 모든 것을 검증했습니다.

기자는 델리로 돌아가 소녀와 소녀의 부모를 데리고 미타로

왔습니다. 비록 예전에 전혀 델리를 떠나본 적이 없지만, 그녀는 미타의 도시 거리에서 길을 찾을 수 있었고 그들을 선생님 집으로 데려갈 수 있었습니다.

그들이 집에 들어서자 백발의 80세 노인을 만났습니다. 어린 소녀는 매우 기뻐하며 그가 시아버지였다고 했습니다. 그녀는 또한 이전의 남편과 아들도 알아볼 수 있었습니다.

이 이야기는 인도의 주요 신문과 세계의 많은 신문에 보도되었습니다.

제니 코켈(Jenny Cockell)이라는 영국 여성에 대한 또 다른 놀라운 이야기가 있습니다. 그녀는 아일랜드에서 메리 서튼(Mary Sutton)이라는 여자로 살았던 전생을 어린 시절에 기억했습니다. 서튼은 8명의 아이를 남기고 출산 중 사망했습니다.

어린 소녀 제니 코켈은 아일랜드에서의 자신의 삶에 대해 말했고, 심지어 그녀가 태어난 작은 마을의 지도까지 그렸습니다. 그녀는 1936년에 자신이 죽은 방에 대해서도 묘사할 수 있었습니다. 어렸을 적에 그녀는 전생의 아이들이 잘 지내는지 확인할 생각만 했습니다.

그녀가 메리 서튼으로 죽은 후, 그녀의 아이들은 고아원으로 보내졌습니다. 성인이 된 코켈은 현생에서 아일랜드 고아원 신부의 도움으로 아이들 여섯 명의 이름을 얻을 수 있었습니다.

1993년 코켈은 그녀의 여정에 대한 아일랜드 다큐멘터리를 촬영하는 동안 살아 있는 아이들 다섯 명의 행방을 알아내고 그들과 재회할 수 있었습니다. 코켈은 자신의 이야기를 담은 책 『시간과 죽음을 넘어서(Across Time and Death)』를 쓰기도 했습니다. 이 이야기는 2000년에 미국 CBS 방송국에서 영화로 각색되어 TV 방송용으로 제작되기도 했습니다.

우리가 이야기할 마지막 사례는 한 사람의 의식이 갓 태어난 아기의 몸이 아니라 다른 성인으로 다시 태어난 다소 이례적인 환생입니다. 이 일은 지난 20세기에 베트남 까마우 지역에서 일어났습니다. 그곳의 작은 마을 덤지오이에서 한 소녀가 19세의 나이로 병에 걸려 죽었습니다. 또 다른 마을 빈미(박리에우)에서는 같은 시간에 아팠다가 회복한 소녀가 있었습니다. 회복된 후 그녀는 더 이상 부모를 알아보지 못하고 이상하게 행동했습니다. 그녀의 부모는 처음에 아마도 병으로 인한 부작용 때문일 것으로 생각했습니다. 하지만 완쾌되자 그녀는 울기 시작했고, 자신이 자세히 설명할 수 있는 덤지오이 마을로 돌아갈 수 있게 허락해달라고 고집을 부렸습니다.

그녀의 부모는 덤지오이 마을 사람과 연락해, 덤지오이에서 죽은 어린 소녀의 가족을 만나게 되었습니다. 그녀의 부모는 그 가족에게 방문하러 오라고 초대했습니다. 가족이 빈미에 도착하자마자 딸은 방문객들이 친부모라고 알아보고 다른 누구도 알 수 없는 가족의 비밀을 공유했습니다. 결국 그녀는 양가의 인정을 받고 양쪽의 재산을 물려받았습니다.

이 이야기는 베트남 신문을 통해 널리 퍼졌습니다.

윤회가 실재하는지에 대해 의심하는 사람이 있을 수 있습니다. 그러나 우리 의식이 과거 우리가 지은 업력에 이끌려 오랫동안 몸에서 몸으로 옮겨 왔을 가능성에 대해 열린 마음을 가져보세요.

윤회가 실재한다는 믿음이 있다면, 낮은 세계로 떨어지지 않기 위해 죄짓기를 삼가는 것이 현명할 것입니다. 왜냐하면 삼악도에 떨어지면 고통도 많고 스스로 벗어나기가 극도로 어렵기 때문입니다.

더 나아가, 아래로 떨어지지 않고 위로 올라가는 원인을 심기 위해 선행을 하려고 노력해야 합니다. 그래서 언젠가는 불교 수행자의 주요 목표인 괴로움의 윤회에서 벗어나 즐거움을 얻을 수 있도록 해야 합니다.

6

욕망을 줄이고 만족할 줄 알다

진정한 불자를 어떻게 알아볼까요? 욕망이 적고 쉽게 만족합니다.

불교에서는 현재 삶을 위해 이익과 이득을 추구하는 것을 '세속적인' 목표로 여깁니다. 세속적인 사람들은 경쟁심이 강한 경향이 있고 물질적인 것을 좇으며 결코 만족하지 않는 것 같습니다. '못 가진 자'가 욕심을 내는 것은 이해할 수 있을지 모르지만, 역설적으로 '가진 자'가 더 욕심이 많은 것 같습니다.

중국인은 "욕심이 끝이 없다."라는 말을 합니다. 베트남 사람은 "욕심이 바닥이 없다."라고 합니다. 또한 "큰 바다는 채워질 수 있어도, 탐욕스러운 마음은 채워지지 않는다."라고 합니다.

그래서 부처님께서 제자들에게 "욕망을 절제하고 만족할 줄 알라."고 가르친 것입니다. 이것이 행복, 평화, 즐거움의 기초입니다.

불교의 수행 정신은 절제입니다. 욕망을 줄이는 것은 지나친 방종을 피하는 것입니다. 수행하는 사람은 더 절제하는 경향이 있습니다.

만족할 줄 아는 것은 비록 부족하더라도 자신이 처한 상황을 더 잘 받아들이는 것입니다. 예를 들어 우리가 가지고 있는 물질적인 것에 만족할 수 있다면, 결과적으로 우리는 충족되지 않는 욕구와 욕망에서 오는 괴로움에서 벗어날 것입니다.

깨달음을 얻지 않는 한 우리는 모두 다섯 가지 감각기관에 뿌리를 두고 있는 다음과 같은 '오욕五欲'에 집착합니다.

1. 형상(색色): 매혹적인 물질 대상에서부터 사람에 이르기까지 우리 눈이 볼 수 있는 형상을 만날 때 욕망이 일어납니다. 불교는 아름다운 형상에 대한 욕망은 이성에 대한 생물학적 욕망에 기초한다고 가르칩니다.

2. 소리(성聲): 우리는 즐거운 소리를 즐깁니다. 우리 중 몇몇은 생각을 차지할 수 있는 좋아하는 음악을 마음에서 지우는 데 어려움을 겪습니다. 칭찬의 말에 중독된 사람도 있습니다.

3. 냄새(향香): 시장에서 향수 판매의 급증으로 증명되었듯이 향기는 향수鄕愁, 그리움과 욕망의 강한 연상 작용을 촉발할 수 있습니다.

4. 맛(미味): 우리 대부분은 행복한 삶의 정의에 맛있는 음식을 포함합니다. 요즘 시대에 사람들은 종종 먹는 것에 탐닉합니다. 이것은 극복하기 가장 어려운 형태의 중독 중 하나입니다. 부처님께서 이와 같이 말씀하셨습니다. "중생은 땅을

떠날 수 없고, 나무와 풀과 떨어져 살 수도 없다. 왜냐하면 우리 음식이 흙에서 생산되고, 그래서 우리 몸이 무겁기 때문이다."

5. 감촉(촉觸): 인간은 다른 사람이 만져주기를 갈망하는데, 이 또한 감각적 욕망입니다. 우리는 또한 다양한 질감의 물건을 만지는 것을 즐깁니다. 왜냐하면 그냥 기분이 좋기 때문입니다.

다섯 가지 감각은 우리의 길에 집중하지 못하게 하는 지나친 욕망을 일으킬 수 있습니다. 그런 욕망이 우리를 사로잡고 있는 한, 우리 삶은 욕망을 중심으로 돌며 욕망을 만족시키기 위한 책략을 꾸밉니다. 자신의 방종을 허용하는 것은 위험합니다. 우리가 욕망의 노예로 전락한다면, 욕망을 채우기 위해 어떤 일도 서슴지 않을 것입니다. 고든 게코(Gordon Gecko)가 영화 「월 스트리트」에서 말했듯이, "탐욕이란, 이보다 더 나은 단어가 없군요. 좋은 것입니다."

다섯 가지 욕망이 우리의 친구가 아니라는 것을 깨달아야 합니다. 그것들은 이로운 점보다 해로운 점이 더 많고 걱정, 두려움, 슬픔, 분노로 이어질 수 있습니다. 개인으로서든 사회로서든 욕망을 충족시키려는 노력은 싸움, 부정행위, 전쟁을 유발할 수 있습니다.

만약 우리의 '행복'이 타인의 고통에서 비롯된 것이라면 어떻게 우리 자신에 대해 좋게 느낄 수 있을까요?

게다가 한 가지 욕망이 충족되면, 우리는 또 더 많이 욕망하는 것을 얼마나 자주 멈출 수 있을까요? 대개 욕망은 계속 자랍니다. 욕심이 많으면 많을수록 더 고통받는다는 사실을 언제 깨칠 것인가요?

그래서 진정한 불자는 부처님의 충고를 귀담아듣는 것입니다. 부처님은 제자들에게 어떤 상황에서도 평온하고 행복할 수 있도록 욕망을 절제하라고 가르쳤습니다.

물질적으로 부자일지라도 만족을 모르는 사람들은 매우 가난하다고 느낄 수 있습니다. 반면에 만족을 아는 사람들은 비록 바닥에서 잠을 자야 한다거나 어려움을 견뎌야 한다고 하더라도 여전히 만족감과 행복감을 느낍니다.

부는 마음의 상태입니다. 탐욕스러운 마음을 단속할 수 있다면 부자입니다. 만약 욕망과 충동을 다스릴 수 없다면, 우리는 정말 가난합니다.

욕망을 줄이고 만족할 줄 아는 것은 자유의 시작이며, 우리를 해탈의 길로 가게 합니다. 모두가 이 원칙을 따른다면, 더 이상 투쟁과 충돌을 할 필요가 없으므로 세상에 평화와 행복을 가져올 것입니다.

아름다운 삶은 균형이 잡혀야 합니다. 오늘날은 물질적인 삶과 정신적인 삶 사이에 불균형이 존재합니다. 물질적 발전을 위해 도덕이 희생될 때 인류는 파멸로 다가갑니다. 물질적인 것을 추구하는 데에 지나치게 사로잡힌 사람은 진정한 행복을 모릅니다.

욕망을 줄이고 만족할 줄 아는 것은 일상생활에서 절제를 실천하는 것입니다. 이것이 불교의 방법입니다. 그러나 만족을 한다고 하더라도 그것은 단지 시작에 불과합니다. 깨달음으로 가는 길에서 성취할 수 있는 것이 훨씬 더 많습니다.

7

깨달음: 공空의 법문

위에서 살펴보았듯이 법문法門은 방법입니다. 참선, 염불, 지계 등의 수행이 모두 법문의 예입니다. 또한 법문을 목적지에 도달하기 위해서 반드시 통과해야 하는 문턱으로 볼 수도 있습니다.

불교는 공空에 이르는 법문을 모아놓은 것입니다. 불교는 중생이 진리를 깨닫도록 도와주는 일련의 방법론을 담고 있습니다. 공의 진리를 볼 때, 해탈을 얻을 것입니다.

해탈이란 무엇인가? 분명히 우리는 괴로움과 고통에서 벗어나고 싶어 합니다. 그러나 진정한 해탈은 행복에서도 벗어날 필요가 있습니다. 이 생각은 직관에 반하는 것처럼 보일 수 있으므로, 좀 더 자세히 살펴보겠습니다.

우리는 양면성의 세계에 살고 있습니다. 모든 것이 서로 반대되는 쌍으로 정의됩니다. 예를 들어 부자는 가난하지 않은 것으로 정의되고, 힘은 약하지 않은 것, 선은 악이 없는 것으로 정의됩니다. 절대적인 것을 거의 찾을 수 없습니다. 모든 것은 정반대로 정의됩니다. 미혹한 사람들은 더 넓은 시야를 취하는 대신 종종 한쪽에 치중하는 것을 선택합니다.

사랑을 예로 들어보겠습니다. 사랑은 증오의 반대이며 일시적 상태에 불과합니다. 사실 사랑 안에는 이미 증오의 씨앗이 있습니다. 우리는 서로 깊이 사랑하고 있는지도 모릅니다. 그러나 동시에 우리가 배신당하면 이미 엄청난 증오의 가능성을 지니고 있는지도 모릅니다. 증오는 이미 큰 사랑 속에 존재합니다. 증오는 난데없이 나타나지 않습니다. 조건이 증오를 나타나게 할 때까지 큰 사랑 아래 숨겨져 있습니다.

마찬가지로 행복에도 불행의 씨앗이 들어 있습니다. 그러므로 지혜로운 사람은 괴로움에도 행복에도 집착하지 않습니다. 이것이 해탈입니다. 분명히 하자면, 불교는 사랑, 느낌 또는 감정이 없는 로봇이 되는 것을 주장하지 않습니다. 우리는 최소한의 집착을 하고 사는 것을 배우자고 주장하는 것입니다. 좋은 일이 생기면 감사하고, 더 많은 것을 요구하지 않습니다. 나쁜 일이 생기면 마음에 두지 않으며, 거부하려고 고집하지 않습니다. 이것은 양면성으로부터 자유로워지는 것입니다.

이것은 지적으로 연습하는 것이 아닙니다. 오히려 몸에 밸 때까지 익혀야 하는 저절로 우러나는 마음 상태입니다. 여기에 심리 작용은 관여되어 있지 않습니다. 예를 들어 마음이 안정되고 더 이상 무언가에 흥분하지 않을 때, 니코틴에 중독되었던 사람이 일단 흡연 습관을 끊으면 담배 때문에 더 이상 불안해하지 않는 것과 비슷합니다.

우리와 달리 부처님은 양면성에서 자유롭습니다. 이것이 부처님이 진리를 아는 이유입니다. 이것을 흔히 불성이라고 합니다. 부처님은 우리 모두가 부처님의 지식과 견해를 나누기를 바랍니다. 그러나 이것은 우리 자신의 불성을 보고 깨달아야만 가능합니다.

불성은 모든 사람이 본래 가지고 있고 우리는 모두 결국 부처가 될 것입니다. 그러나 지금은 우리가 아직 진리에 대해 미혹해 진리를 풀어가는 과정을 거쳐야 합니다. 미혹에서 벗어나면 우리가 모두 깨달음의 성품을 본래 구족하고 있다는 걸 보게 될 것입니다. 우리가 아직 미혹해 있는 동안 어떻게 접근하거나 사용하는지 모를 뿐입니다.

깨달음은 본질적으로 우리가 공하다는 것을 아는 것입니다.

이것은 생각이나 추리를 통해 파악할 수 있는 것이 아니라, 몸과 마음으로 체득해야 하는 깨달음입니다. 이 경지를 진공眞空이라고 합니다. 거기에는 완전히 아무것도 없습니다. 이것은 또한 묘유妙有라고 합니다. 모든 것이 그 안에 들어 있습니다.

헷갈리게 들리나요? 이것은 말로 표현할 수 없는 것이기 때문입니다. 오히려 스스로 깨달아야 하는 것입니다.

그래서인지 깨달은 사람은 결코 자신이 깨달았다고 말하지 않습니다. 만약 깨달았다고 주장한다면, 정말로 진공을 깨달은 것이 아닙니다. 만약 거기에 완전히 아무것도 없다면, 어떻게 깨달음이라고 하는 것이 있다고 주장할 수 있을까요? 만약 설명할 수 있는 깨달음이라는 것이 있다고 여전히 생각한다면, 실제로 진공을 깨달은 것이 아닙니다. 그렇지 않은가요?

이게 우리같이 전혀 깨닫지 못한 평범한 사람(범부凡夫)들에게 무슨 의미일까요?

우리 역시 진공을 깨달을 수 있습니다. 그러나 그 경지를 체득하기 위해서는 반드시 수행을 해야 합니다.

이것은 쉽지 않지만, 많은 수행자들이 성공했습니다. 사실 깨달은 보살이 수없이 많습니다. 우리는 그들을 찾아서 그들에게 배우기만 하면 됩니다. 그들은 자격이 있고 진실한 사람들을 지도하기를 간절히 바랍니다.

우리가 어떻게 그들을 알아볼 수 있을까요? 그들은 흔히 선지식으로 불립니다. 그들은 어떻게 우리를 해탈로 인도할지 아는 지혜로운 스승입니다.

그러나 선지식은 당신의 방문을 두드리고 도와주겠다고 간청하지 않을 것입니다. 우선, 당신이 도움 받을 가치가 있다는 것을 증명하는 일을 해야 합니다. 기억하세요. 미혹한 사람은 스스로를 높이 평가합니다.

어떻게 선지식을 알아볼 수 있을까요? 우리의 『선 수행 지침서(The Chan Handbook)』에서 이 주제에 대해 더 자세히 다루지만, 짧은 대답은 그것에 대해 걱정할 필요가 없다는 것입니다. 단지 자신을 가르침을 받을 만한 가치가 있는 사람으로 만들기 위해 노력한다면, 지혜로운 스승은 당신의 잠재력을 알아보고 그에 맞춰 지도해줄 것입니다.

지혜로운 스승은 당신의 이익을 중요하게 생각합니다. 그들은 자신을 위해 그렇게 하는 것이 아닙니다. 오히려 그들은 당신을 가르쳐서 언젠가 당신 자신이 부처가 될 수 있기를 진심으로 바랍니다. 좋은 스승은 행동을 요구합니다. 그들은 결과를 원합니다. 그들은 당신의 진전을 방해하는 장애를 극복하는 방법을 지도해줌으로써 도움을 줍니다. 바꿔 말하면, 그들이 당신에게 요구하는 모든 것은 오직 당신의 이익을 위해서이지, 그들 자신이 부유해지거나 유명해지기 위해서가 아니라는 것입니다.

바른 길(정도正道)을 가는 사람은 더 행복하고, 더 즐겁고, 삶에서 더 많은 의미를 찾습니다. 그들은 더 겸손하고, 친절하고, 자비로우며, 너그러워지며, 덜 자기중심적으로 됩니다. 그들은 진심으로 다른 사람들을 배려합니다. 그들은 진공을 깨닫는 길을 가고 있습니다.

진공을 깨달으면 어떻게 되나요? 모든 것이 텅 빈 것을 볼 수 있을 때, 더 이상 집착하지 않을 것입니다. 집착을 떨쳐버림으로써 짐을 가볍게 할 수 있습니다. 그러면 정말로 내려놓고 진정한 자유를 찾을 수 있을 것입니다.

깨달은 사람은 돈, 명예, 음식, 심지어 자신의 몸에도 더 이상 집착하지 않습니다. 그들은 모든 조건 지어진 현상이 실제로 존재하지 않는 무상하고 공한 꿈과 같다는 것을 봅니다. 예를 들어 누군가 깨달으면 결가부좌 자세로 좌선할 때 생기는 다리 통증을 공하게 볼 수 있을 것입니다. 통증이 실재하지 않고 다리조차 실재하지 않는다는 것을 깨달으면, 만약 그들이 선택한다면, 그들은 통증을 멈출 수 있을 것입니다.

공을 보는 사람은 더 이상 이득과 손실, 건강과 질병, 삶과 죽음으로 번뇌하지 않습니다. 그들은 외부 조건에 의존하지 않는 흔들림 없는 행복을 얻었습니다. 그리고 더 이상 윤회의 속박을 받지 않고, 실제로 자신의 생사를 어느 정도 통제할 수 있습니다. 그러므로 진정 자유롭고 편안합니다.

깨달음의 불교용어는 열반입니다. 열반을 증득한 사람은 진공이 묘유라는 것을 볼 것이며, 우리 감각기관을 통해 얻을 수 있는 어떤 행복도 훨씬 능가하는 완전한 행복과 자유의 경지를 누릴 것입니다.

우리는 모두 같은 불성을 가지고 있고, 따라서 우리 모두 열반에 이를 수 있는 능력이 있습니다. 그러나 깨닫는 것은 엄청난 성취이며 이루기가 매우 어렵습니다. 게다가 깨달음에는 많은 단계가 있습니다. 그래서 열반에 이르러도 그것은 시작에 불과합니다. 부처의 완전한 지혜에 이르기 전에, 여전히 너무나 많은 정교한 수행이 필요합니다.

8

소승불교와 대승불교

소승과 대승은 불교의 주요한 두 갈래입니다. 대승大乘은 산스크리트어 마하야나(Mahayana)의 한역으로 '큰 탈것', '큰 수레'를 의미합니다. 대승의 가르침은 많은 중생을 태우고 고통의 바다를 건너 열반의 피안에 이르는 큰 배와 유사합니다. 이러한 대승의 가르침은 보살이 중생을 널리 구제할 수 있게 하는 도구들에 대해 상세히 기술하고 있습니다. 소승小乘은 '작은 탈것', '작은 수레'를 의미합니다. 소승은 접근 방법이 좀 더 좁고 주로 개인의 깨달음을 추구하는 데 중점을 두기 때문입니다.*

스리랑카, 태국, 캄보디아 등 동남아시아 국가에서 두드러지는 상좌부불교는 일반적으로 소승이라 여겨지며, 소승과 상좌부는 흔히 혼용되어 쓰이기도 합니다.

상좌부불교는 부처의 초기 가르침에 기초하며, 이 가르침은

---

* '소승'이라는 말을 피하고, 폄하하는 것으로 여기는 사람들이 있습니다. 그러나 여기서 사용하는 것은 폄하의 의미에서가 아니라, 폭이 더 넓고 초점이 다른 대승의 가르침을 전달하기 위함입니다. 또한 '소승'이라는 용어 사용은 불교 경론에서 사용된 언어와 일치합니다.

지역어인 팔리어로 기록된 경전입니다. 대승불교는 산스크리트어로 기록된 보다 방대한 양의 경전에 기초하는데, 산스크리트어는 팔리어보다 학문적인 형식의 언어입니다. 소승의 가르침은 대승 경전에 포함된 전체 가르침과 경전의 일부분만을 담고 있는 반면에, 대승의 가르침은 소승 경전 전체를 포함합니다. 이것이 소승불교가 '작은 수레'로 불리는 또 다른 이유입니다.

그러나 '소승'이라는 말의 본질은 실제로 상좌부 또는 불교의 다른 어떤 특정한 학파나 종파와 연관되지 않는다는 점에 주목할 필요가 있습니다. 오히려 소승은 널리 모든 중생을 이롭게 하기보다는 개인의 수행에 중점을 두는 불교 수행을 가리키는 것으로 받아들여질 수 있습니다.

이러한 이해에 비추어 볼 때, 서양에서 하는 '젠(Zen, 禪)' 수행은 물론 여러 형태의 정토불교는 공식적으로 대승이라고 하는데도 불구하고 실제로는 소승입니다. 왜냐하면 주로 자신에게 이익이 되는 방법을 가르치고, 모든 중생을 어떻게 구제하는지는 가르치지 않기 때문입니다.

불교 수행의 궁극적인 목표는 1) 괴로움을 끝내고 행복을 얻는 것입니다. 2) 그리고 깨달음을 얻어 수많은 유정중생을 해탈시키는 것입니다.

소승불교는 첫 번째 목표인 자신의 괴로움을 끝내고 행복을 얻는 것에 집중합니다. 이를 이루기 위해서는 자아를 비워야 합니다. 자아가 모든 괴로움의 근원이기 때문입니다. 따라서 소승의 가르침은 자아를 소멸하는 방법에 초점을 맞춥니다.

대승 수행자들도 자아를 비우려고 노력합니다. 그러나 대승은 깨달음을 얻고 무수한 유정중생을 해탈시키는 방법을 배운다는 불교의 두 번째 목표를 강조함으로써 구별됩니다.

선화 큰스님과 대승의 다른 조사 스님들이 우리에게 전해준 대승의 가르침에 따르면, 나를 비우는 것은 아직 깨달음이 아니며, 오히려 깨닫기 전에 반드시 성취해야 하는 필수적인 전제 조건입니다.

그러므로 대승 수행자들은 자아를 비우면 멈추지 않고, 오히려 더 나아가서 참나(불성이라고도 함)를 보려고 열망합니다. 성공하는 이는 보살의 지혜를 얻고 깨달음의 여러 단계에 이를 것입니다.

다음 장에서는 보살도에 대해 다룰 것입니다. 이 장의 나머지 부분에서는 핵심적인 소승의 가르침에 대해 살펴보겠습니다.

소승과 대승 수행자 모두 도덕과 계율을 공부하는 것으로 수행을 시작합니다. 도덕규범은 집중력, 즉 삼매의 기초가 됩니다.

그 후 소승과 대승 수행자는 선 수행과 다른 수행을 통해 삼매력을 키우기 위해 정진합니다.

계율과 삼매(선정禪定)를 바르게 수행하는 것은 수행자가 나를 비우고 자신의 괴로움을 끝낼 수 있게 할 것입니다. 이를 할 수 있는 사람을 소승불교의 최고 목표인 아라한의 단계를 성취했다고 합니다.

아라한은 산스크리트어 아르핫(Arhat)의 음역으로, '성문聲聞'이라고 합니다. 이러한 성인들은 부처님의 말씀(음성)을 듣고 부처님의 지도에 따라 자신의 고통을 끝냅니다.

아라한이라는 말을 혼자 쓸 때는 실제로 사과四果 아라한을 가리킵니다. 소승과 대승 모두 사과 아라한이 되기 전에 반드시 거쳐야 하는 초과初果 아라한(수다원)에서 삼과三果 아라한(아나함)까지 세 가지 전 단계를 인정합니다. 이 단계들은 『지장경』과 같은 다양한 경전에 설명되어 있습니다.

아라한과를 증득하는 법法은 주로 사성제(四聖諦: 네 가지 성스러운 진리)에 기초합니다.

1. 고성제苦聖諦: 괴로움의 진리
2. 집성제集聖諦: 괴로움의 일어남의 진리
3. 멸성제滅聖諦: 괴로움의 소멸의 진리
4. 도성제道聖諦: 괴로움의 소멸로 인도하는 도 닦음의 진리

첫 번째 성스러운 진리인 고성제에 따르면, 진정한 지혜를 얻지 않고서는 우리 존재는 괴로움으로 가득합니다.

두 번째 성스러운 진리인 집성제에 따르면, 괴로움은 욕망과 집착이 모이고 쌓여 일어납니다. 욕망은 축적되는 방식이 있습니다. 욕망이 충족되지 못할 때, 흔히 그렇듯이 우리는 괴로워합니다. 그 결과, 괴로움도 누적되고, 거미줄처럼 얽히고설킨 문제

들과 어려움 아래에 파묻혀 매우 벗어나기 힘들어하는 자신을 발견하게 됩니다.

세 번째 성스러운 진리인 멸성제에 따르면, 괴로움이 없는 열반이라는 경지가 있습니다. 열반은 깨달음이라고도 하며, 상락아정常樂我淨의 사덕四德이 있습니다.

마지막으로 네 번째 성스러운 진리 도성제에 따르면, 불자들이 중도라고 하는 열반으로 가는 길이 있습니다. 그것을 따라가면 생사의 바다를 건너 열반의 '저 언덕(피안彼岸)'에 도달할 수 있고, 괴로움의 '이 언덕(차안此岸)'은 멀리 뒤로할 수 있습니다.

아라한 외에 벽지불도 소승에서 또 다른 성인입니다. 벽지불은 연각 또는 독각이라고도 불립니다. 생사윤회가 어떻게 일어나는지 설명하고, 태아의 발달 단계와도 부합하는 다음의 십이연기를 관함으로써 벽지불의 경지에 도달할 수 있습니다.

1. 무명無明: 무명은 성욕이나 관련된 형태의 욕망으로 나타납니다.
2. 행行: 욕망은 성행위로 이어집니다.
3. 식識: 성행위로 인해 수정이 일어납니다. 인간의 식은 팔식八識이라고 하는 여덟 가지로 구성된다고 설명합니다. 수정이 될 때, 영혼이라고도 하는 제8식이 이들 여덟 가지 식 중에 가장 먼저 도착하는 것입니다.
4. 명색名色: 식이 도착하면 태아가 형성되기 시작합니다.

5. 육입六入: 다음으로 인간의 몸이 형태를 갖추고, 감각기관이 기능하기 시작합니다.

6. 촉觸: 감각기관이 외부 세계와 접촉합니다.

7. 수受: 감각기관이 세계와 접촉할 때, 즐거움이나 괴로움의 느낌이 일어납니다.

8. 애愛: 우리는 강렬한 즐거운 느낌을 좋아하고 그 느낌을 추구합니다. 때로는 이 '애'가 '갈애' 또는 '욕망'으로 번역되기도 하지만, '애'가 괴로움의 본질에 대한 부처의 통찰력을 더 정확하게 담아냅니다.

9. 취取: 애愛는 즐거운 느낌을 취하게 하고, 심한 집착을 형성하게 합니다.

10. 유有: 심한 집착은 우리가 원하는 것이 되도록 가차 없이 밀고 나가는 주요 힘입니다. 그래서 우리는 한 존재에서 다른 존재로 전전합니다.

11. 생生: 새로운 존재로 태어납니다.

12. 노사老死: 태어나면 필연적으로 늙고 죽습니다.

십이연기를 이해하고 윤회를 끝내기 위해 벽지불은 산에서 은거합니다. 그들은 홀로 수행하고, 변화하는 계절을 관하며, 인생의 덧없는 본질을 관찰합니다. 벽지불이 십이연기를 이해하면, 연속적이고 상속되는 인연의 연결고리를 역순으로 소멸해 첫 번째 무명까지 거슬러 올라가 깨달음을 성취합니다. 무명을 끝냄으로써 벽지불은 모든 괴로움과 죽음의 근원을 부수고 해탈에 이를 수 있습니다.

부처님이 세상에 계실 때 벽지불 단계를 성취한 이를 연각緣覺이라고 합니다. 세상에 부처님 또는 불교가 없을 때 십이연기를 관하여 벽지불 단계에 이른 이를 독각獨覺이라고 합니다.

9

부처로 나아가는 보살도

보살은 대승불교의 상징입니다. 보살은 모든 중생을 제도해 중생을 괴로움에서 벗어나게 하여 열반의 행복으로 인도하겠다는 원대한 서원을 세운 깨달은 존재입니다.

앞에서 살펴보았듯이 소승 수행자들은 아라한이나 벽지불의 단계에 이르면 만족하는 반면, 대승을 수행하는 이들은 자신의 본성을 보고 보살을 증득할 때까지 계속해서 정진합니다. 대승 수행자에게는 보살을 증득해야 깨달음의 첫 단계라고 할 수 있습니다.

보살이 자신의 본성을 처음으로 분명하게 보는 깨달음의 첫 단계를 초지初地라고 합니다. 보살이 자신의 이해를 완벽하게 하기 위해 끊임없이 정진하면서 나아가는 열 가지 수행 단계인 십지十地가 있습니다. 십지에 도달한 후에 보살은 등각等覺의 단계를 증득할 수 있으며, 그다음은 부처의 원각圓覺(묘각妙覺)입니다. 산스크리트어로 부처의 깨달음의 경지를 아눗따라 삼먁 삼보디(Anuttara-Samyak-Sambodhi)라고 하는데, '무상정등정각無上正等正覺', 즉 위없는 바르고 원만한 깨달음이라는 뜻입니다.

부처의 이해 수준은 믿을 수 없을 정도로 얻기 어려우므로, 보살도는 여러 생에 걸쳐 있으며 깨달음은 필연적으로 다생의 과정입니다. 이는 쉽지 않고, 오랜 시간이 걸립니다. 보살의 수행은 먼지와 때가 켜켜이 쌓인 거울을 닦는 것과 같습니다. 먼지가 많이 쌓일수록 닦는 데 시간이 오래 걸립니다.

보살이 거울의 전체 표면을 완전히 말끔하게 닦아내 어떤 왜곡도 없이 모든 것을 완벽하게 비출 수 있을 때, 부처의 경지에 이를 것입니다.

보살도는 보리심이라는 한 생각으로 시작됩니다. 이 한 생각은 아무리 많은 생이 걸리더라도 부처의 원각圓覺을 증득하겠다는 서원입니다. 이 간절한 원을 세우는 것을 보리심(보디찌따 Bodhicitta)을 발한다고 합니다.

보리심의 정신은 보살의 사홍서원에 담겨 있습니다.

1. 가없는 중생을 다 건지오리다.
2. 끝없는 번뇌를 다 끊으오리다.
3. 한없는 법문을 다 배우오리다.
4. 위없는 불도를 다 이루오리다.

대승의 주요 보살 중 한 분인 지장보살은 첫 번째 서원을 가장 잘 나타냅니다. 지장보살은 산스크리트어 이름 크시티가르바(Ksitigarbha)의 의역으로, 한자로 地藏菩薩이라고 씁니다. 지장보살은 전생에 한때 젊은 여인이었습니다. 이 여인은 부처님께 돌아가신 어머니의 운명을 알려달라고 간곡하게 빌었습니다. 그후 여인은 한 광경을 보았고, 어머니가 지옥에서 고통받는 것을 느꼈습니다. 그녀는 너무나 괴로워서, 깨달음을 얻어 지옥에 떨어진 모든 중생을 구제하겠다는 원을 세웠습니다. 그 결과, 여인은 수행하여 마침내 지장보살이 되었고, 다음과 같은 첫 원을 세웠습니다. "지옥이 비지 않으면 성불하지 않겠습니다. 중생을 다제도하고 나서야 비로소 보리를 이루겠습니다."

바꿔 말하면, 지옥에서 고통받는 존재들이 더 이상 없을 때까지 지장보살은 부처의 열반인 최종 행복에 안주하지 않고, 오히려 수없이 많은 중생을 구제하기 위해 한 생 또 한 생 계속해서 다시 태어날 것입니다. 그러나 지옥은 결코 비어 있지 않을 것이며, 구원해야 하는 더 많은 중생이 언제나 있을 것입니다. 따라서 지장보살의 서원은 끝이 없습니다.

어떤 사람들에게는 그러한 무한한 서원을 세우는 것이 논리적으로 말해서 실현하기 불가능하고, 터무니없는 것처럼 보입니다. 그러나 이는 우리가 보살의 경지를 이해할 수 없기 때문입니다. 바꿔 말하면, 깨달음은 우리의 분별심으로는 이해할 수 없기 때문에 보살의 사홍서원을 이성적으로 분석하려고 애쓰는 것은 어리석은 짓입니다.

모든 중생을 제도하겠다는 서원은 남자이든 여자이든, 중국인이든 히스패닉(스페인어를 쓰는 중남미계의 미국 이주민)이든, 동물이든 인간이든, 보살이 분별없이 모두 구제한다는 것을 의미한다는 것만 알아두세요. 그만큼 보살의 마음이 크고 넓습니다.

왜 보살은 이렇게 모든 중생을 구하고 싶어 할까요? 왜냐하면 보살은 물고기나 작은 곤충 같은 동물들도 과거에 우리 친척이었을 수 있고, 미래에 다시 그럴 수도 있다는 것을 알기 때문입니다. 한때 제가 일했던 대기업에서 들었던 말처럼, 모든 사람을 친절하게 대하는 것이 가장 지혜롭습니다. 왜냐하면 "다음에 누구를 위해 일하게 될지 결코 모르니까요."

모든 중생을 분별없이 이롭게 함으로써, 보살은 중생과 인연 또는 업연業緣을 많이 맺습니다. 그 후 보살이 미래 생에서 이러한 중생들을 다시 만나게 될 때, 그들을 가르치고 교화하기 위해 그러한 인연을 이용할 수 있을 것입니다.

마지막으로, 이러한 큰 서원을 다음과 같이 볼 수 있습니다. 구제하겠다고 서원한 중생의 수와 같이 보살의 마음이 실로 한량없게 되면, 보살은 바로 부처가 될 것입니다.

우리의 생각하는 마음으로 이런 경계를 이해하려고 하지 말고, 그 대신 믿음을 가져야 합니다. 우리도 그렇게 큰 원을 세울 수 있다면, 모든 중생을 제도하고 불도를 성취하는 것이 어떤 의미인지 언젠가는 스스로 이해할 것입니다.

대승의 또 다른 대보살은 자비의 관세음보살입니다. 관세음보살觀世音菩薩은 산스크리트어로 아바로키테슈바라(Avalokiteśvara)이며, 줄여서 관음이라고 합니다. 지장보살처럼 관음보살도 과거에 큰 서원을 세웠습니다. 특히 관음보살은 위험이나 고난에 처한 이들을 돕겠다고 발원했습니다. 많은 불자들이 어려울 때에 관세음보살의 명호를 부름으로써 관세음보살의 보호를 받는다고 합니다.

관세음보살이 자신의 자성을 듣는 수행법으로 깨달은 이야기가 『능엄경』에 나옵니다. 이 책의 33장에서 관세음보살이 가르쳐준 매우 효과적인 이 방법에 대해 살펴보고, 정토 수행의 기본 방법을 설명할 것입니다.

그러나 지금은 모든 보살이 그들의 이해를 완전하게 하기 위해 닦는 육바라밀에 대해 살펴보도록 합시다.

바라밀은 산스크리트어 파라미타(Paramita)로 '저 언덕(피안彼岸)에 이르다' 또는 '성취'를 의미합니다. 보살도를 닦기를 염원하는 이들이 이 법을 완전히 성취할 때까지 수행하기를 권장합니다.

육바라밀은 다음과 같습니다.

1. 보시: 우리는 재보시, 법보시, 무외보시를 실천할 수 있습니다. 외재外財는 돈이나 물질적인 것이 이에 속하며, 내재內財는 장기기증과 같이 신체 부위를 보시하는 것을 말합니다. 법보시는 다른 사람을 위해 법을 설해 그들이 해탈에 이르도록 돕는 것입니다. 무외보시는 다른 사람에게 두려움과 불안이 일어날 때 그것들을 완화하고 해소하도록 도와주는

것입니다. 이 세 가지 보시 중에 법보시가 최고입니다. 왜냐하면 법보시는 '무루복無漏福'을 짓기 때문입니다. 이러한 복은 성불하기 위해 필수적인데, 35장 '복의 화폐'에서 더 자세히 설명하겠습니다.

2. 지계: 계는 불교의 도덕규범으로 옳고 그름, 선과 악을 분명하게 기술합니다. 계는 해를 입지 않도록 보호해주는 방패로 볼 수 있습니다. 도덕규범을 위반했을 때, 우리는 필연적으로 자신이 지은 죄에 대한 미래의 과보에 대해 자신을 질책합니다. 계를 지도로 볼 수도 있습니다. 계를 공부함으로써 우리는 위험을 인식하고 절벽과 수렁을 피하는 법을 배워, 부처에 이르는 여정이 덜 위험하게 됩니다.

3. 인욕: 인욕을 닦으려면 참을 수 없는 것을 참아야 합니다. 예를 들어 아무 이유 없이 호통을 들어도 번뇌하지 않는 시험을 통과해야 합니다. 아니면 시험의 한 부분으로 배고픔과 갈증을 견뎌야 합니다. 목표는 인욕을 완성하고 무생인無生忍의 경지에 이를 때까지 모든 것을 참고 견디는 것입니다. 그때가 되면 참지 못할 것이 아무것도 없습니다.

4. 정진: 다음의 네 가지 방법(사정근四正勤)으로 끊임없이 노력해서 정진을 닦습니다.

• 아직 일어나지 않은 악은 일어나지 않도록 부지런히 노력합니다.

• 이미 일어난 악은 제거하려고 노력합니다.

- 아직 일어나지 않은 모든 선은 일어나도록 열심히 노력합니다.
- 이미 일어난 선은 더욱 증장되도록 간절하게 노력합니다.

5. 선정: 정정正定, 바른 집중으로, 선정은 당면한 일에 집중을 유지할 수 있는 능력을 말합니다. 지속적인 집중은 무명의 안개를 뚫는 데 필요한 힘을 이용할 수 있게 해줍니다. 이러한 선정의 특징은 흔히 정신력이라고 하는 '레이저와 같은 집중력'이라는 표현에 담겨 있습니다. 부처님께서는 "마음을 한 곳에 집중하면 이루지 못하는 일이 없다(제심일처, 무사불판. 制心一處, 無事不辦)."라고 가르치셨습니다. 즉 어떤 일이든 성공하기 위해서는 일을 끝마칠 때까지 외부로부터 방해받지 않고 집중을 유지해야 합니다. 선정력(집중력)을 개발하는 가장 효과적인 방법의 하나는 선 수행입니다.

6. 지혜: 출세간의 지혜 또는 반야 지혜는 대승의 성인인 불보살의 지혜입니다. 대승에서는 깨달음에 이르러 진공眞空을 볼 수 있으면 지혜가 있다고 여겨집니다. 그러면 진리를 접하게 됩니다.

주요 대승법은 육바라밀을 중심으로 하지만 육도만행六度滿行을 닦는 것도 권장됩니다. 이러한 수행에는 예참, 독경, 주력, 설법 등의 수행법이 포함됩니다. 육도만행은 육바라밀을 성취합니다.

보살은 이러한 육바라밀과 육도만행을 실천함으로써 부처로 가는 길을 점차 완성합니다. 사실 머지않아 우리 모두 육바라밀을 수행할 것입니다. 왜 그럴까요? 왜냐하면 육바라밀은 성불로 가는 주요한 길이며, 대승은 결국 우리 각자가 다 석가모니 부처님과 같은 깨달음을 얻은 부처가 될 것이라고 가르치기 때문입니다. 이것은 단지 시간문제일 뿐입니다.

그러나 여기에 걸리는 기간이 엄청납니다. 완전히 깨달은 부처가 되려면 수백만, 심지어 수십억의 생이 걸릴 수도 있습니다.

혹시 더 빠른 길이 없을까 궁금하다면, 다행히도 대답은 "예." 입니다.

제2부 정토불교 소개

10

정토불교란?

이 세상에서의 삶은 끊임없는 투쟁의 연속입니다.

부처님은 해결책을 찾으셨고, 우리에게도 어떻게 생사의 윤회를 끝내고 모든 괴로움에서 벗어나 깨달음을 얻을 수 있는지 가르쳐주셨습니다. 궁극적으로 우리의 목표는 부처의 완전한 경지를 성취해, 언젠가는 석가모니 부처님께서 우리 세상에서 하신 만큼 많은 중생을 교화할 수 있는 것입니다.

그러나 성불에 이르는 길은 믿을 수 없을 정도로 길고 힘들며, 많은 생이 걸립니다. 그리고 우리가 죽어서 새로운 몸으로 바꿀 때마다 큰 고통을 겪는 낮은 세계로 떨어질 위험에 직면하고, 완전한 깨달음에 도달하려는 목표로부터 퇴보합니다.

그래서 정토불교는 윤회의 위험을 피할 수 있고, 깨달음과 부처의 지혜를 얻기 위한 진전에 박차를 가할 수 있는 정토에 나기를 구하라고 하는 것입니다. 정토는 정말 우리에게 최고의 장소입니다. 왜냐하면 깨달음에 이르는 가장 쉽고 가장 곧바로 가는 길을 제공해주기 때문입니다.

정토에서의 삶은 오직 행복으로 가득 차 있고, 수명은 믿을 수 없을 정도로 길기 때문에 정토는 미묘한 곳입니다. 그러나 더 중요한 것은, 정토에 도달하는 모든 사람이 생을 마감할 때까지 깨달음을 얻는 게 보장됩니다. 깨달음을 얻은 자들은 다시는 윤회의 수레바퀴로 돌아가지 않을 것이기 때문에, 정토는 괴로움에서 영원히 벗어나게 해줍니다.

가장 잘 알려진 정토는 서방정토 극락세계로, 우리는 간단하게 '정토'라고 부를 것입니다. 산스크리트어로 서방정토 극락세계를 수카바티(Sukhāvatī)라고 하며, 한자로는 극락極樂, 안락安樂, 서천西天이라고 합니다. 아미타불과 수많은 깨달은 성인들의 고향, 서방정토 극락세계는 우리에게서 매우 멀리 떨어진 은하에 존재합니다. 우리가 정토불교의 수행법을 닦으면 다음 생에 정토에 태어나, 아미타불과 그곳에 거주하는 다른 깨달은 성인들과 함께 수행할 수 있을 것입니다.

서방정토 극락세계에서는 두 분의 대보살이 아미타불 옆에서 보좌하는 역할을 합니다. 이들은 관세음보살과 대세지보살입니다. 이 세 분을 함께 서방정토 극락세계의 삼존三尊 또는 삼성三聖이라고 합니다.

정토 사찰을 방문하면 불단에 모셔진 삼존불을 보게 될 것입니다. 중앙에는 아미타불이 있고, 왼쪽에는 정병淨瓶을 든 관세음보살이 서 있으며, 오른쪽에는 왼손에 연꽃을 든 대세지보살이 서 있습니다.

대세지보살大勢至菩薩은 산스크리트어로 마하스타마프랍타

(Mahāsthāmaprāpta)라고 하며, 염불로 깨달았습니다. 그래서 대세지보살은 중생이 깨달음을 얻거나 아미타불의 정토에 왕생하도록 우리 세계를 두루 다니며 염불을 가르칩니다.

그런데 아미타불의 서방정토 극락세계는 정토의 한 예일 뿐입니다. 사실 법계에는 많은 정토가 있습니다. 법계法界는 온 우주를 지칭하는 불교용어입니다. 법계에는 무수히 많은 정토가 있을 뿐만 아니라, 우리와 같은 수많은 다른 세계들도 있습니다.

일반적으로 법계의 다른 세계들은 다음의 두 가지 유형이 있습니다.

• 예토(穢土: 더러운 땅). 부정토不淨土라고도 합니다.
• 정토(淨土: 깨끗한 땅).

불교에서 사바세계로 일컬어지는 우리가 사는 세계는 예토의 완벽한 예입니다. 사바세계는 사실 우리 행성 지구보다 훨씬 크고, 우리 은하 전체를 포함합니다.

정토와 예토의 차이점은 무엇일까요? 더러울 예穢, 깨끗하지 않다(부정不淨)는 말이 모든 것을 말해줍니다. 깨끗하지 않은 곳은 번뇌로 가득합니다. 예토에 사는 존재들은 미혹합니다. 그들은 악행을 저지르고 거의 선행을 하지 않습니다. 욕망에 탐닉하고, 싸우고, 언쟁하고, 서로 법정에 세우고, 서로 속입니다. 반면에 정토는 매우 행복한 곳으로, 수행자들이 모여 선善과 깨달음을 얻는 데 전념합니다. 게다가 정토의 모든 물리적 환경은 꽃, 악기, 보석으로 덮인 우뚝 솟은 누각, 그리고 다른 매력적인 특징들로 장엄되어 있습니다.

석가모니 부처님께서는 우리에게 아미타불의 서방극락정토에 대해 가르치셨듯이, 동쪽에 위치한 또 다른 정토인 약사여래불의 동방정유리정토東方淨瑠璃淨土에 대해서도 가르치셨습니다. 이 정토에는 여성과 남성이 있지만, 성욕은 없습니다. 모든 존재가 부처와 같이 장엄된 몸을 가지고 있는데, 이는 그들도 32상 80종호의 부처 몸을 가지고 있다는 것을 의미합니다. 이러한 특징들은 경전에 묘사되어 있습니다. 예를 들어 부처의 길게 늘어진 귀, 평평한 발바닥, 검고 동그랗게 말린 머리카락(나발螺髮) 등이 있습니다. 정유리정토에는 보살, 벽지불, 아라한 등 뛰어난 수행자들이 가득합니다. 이 정토는 아미타불의 서방극락정토와 같이 장엄되어져 있습니다.

각각의 세계는 깨끗하든 깨끗하지 않든 어떤 유형의 중생을 끌어들이고 도와주기 위해 부처에 의해 건설됩니다. 여기서 우리는 '세계', '불국토' 또는 간단하게 '땅'이라는 용어를 번갈아 사용할 것입니다.

보살들은 성불로 가는 긴 길에서 세세생생 수행하며 엄청난 공덕을 짓고, 그 공덕을 자신의 불국토를 건설하는 데 회향합니다. 보살들이 부처가 되면 그 땅은 그들의 상주처가 될 것이고, 그곳에서 수많은 중생을 교화할 것입니다. 불국토는 그들이 원하는 대로 만들어질 수 있으며, 아마도 이전에 수행할 때 그들을 도와주었던 이들을 반영하고 감사를 표하기 위해 만들어질 수 있습니다.

예를 들어 당신이 부처가 되기 위해 수행하는 과정에서 인도 사람들의 도움을 받았다고 가정해 봅시다. 당신은 자신을 도와준 사람들에게 편안하고 익숙한 세계를 만들어 주기로 선택할 수 있습니다. 예를 들어 훌륭한 카레가 있는 세계를 만들어서 당신을 도와준 사람들에게 빚을 갚고, 그들도 부처가 될 수 있도록 합니다. 이렇게 부처마다 자신의 수행을 성취하면서 세계를 건설합니다.

깨달은 부처님들이 왜 더러운 세계인 예토를 만들까 하고 의아해할 것입니다. 모두가 행복할 수 있는 정토만 만드는 게 더 타당하지 않을까요?

그러면 좋겠습니다. 하지만 생각해 봅시다. 만약 정토만 있다면 미혹한 사람들은 어디로 갈 수 있을까요?

바꿔 말하면, 복이 부족한 사람들이 정토로 갈 수 있을 만큼 충분한 선업을 쌓을 때까지 부정토(예토)는 그들을 받아들이기 위해 필요합니다.

예토는 또한 부처와 보살들이 와서 중생의 괴로움을 일깨우고 '혐오'와 '거리두기'라는 것을 중생이 겪도록 돕기에 이상적입니다. 다시 말해, 복이 있는 사람들은 여기 이 세계에서 우리 대부분이 경험하는 존재가 그렇게 바람직하지 않다는 것을 깨닫게 될 것입니다.

'혐오'를 경험하고 이 존재에 대한 집착을 내려놓으려면 지혜와 많은 복이 필요합니다. 그러나 그렇게 되면 우리는 자연히 헛된 세속적 추구로부터 자신을 '거리두기'하고 싶을 것이고, 처음부터 끝까지 행복만 있을 뿐 결코 괴로움이 없는 정토에 태어나겠다고 결심할 것입니다.

예를 들어 우리 사바세계에서는 많은 사람들이 물질적인 부와 자산 비축에 여념이 없습니다. 왜냐하면 무명으로 인해 부가 우리에게 자유와 안전을 가져다줄 것이라고 생각하기 때문입니다. 하지만 부자가 되는 것은 안전이나 자유를 보장하지 않습니다.

그러나 정토에 도달하는 사람들은 진정한 안전을 누릴 것입니다.

그들은 아귀, 축생으로 또는 지옥에 태어나는 낮은 세계로 다시는 떨어지지 않을 것입니다. 대신 그들은 궁극의 자유, 깨달음을 향해 꾸준히 나아갈 것입니다.

비록 아미타 부처님의 서방극락정토가 수많은 정토 중 하나일 뿐이지만, 이 사바세계의 존재들에게 있어 아미타불의 정토는 모든 정토 중 왕생의 가능성이 가장 큰 정토입니다. 이는 아미타불의 원력과 우리와의 큰 인연 때문입니다.

11
정토 수행의 이익

정토의 가르침과 대승불교는 우리의 문제를 해결하는 새로운 도구들을 제공합니다. 대승의 관점을 우리의 세계관으로 받아들임에 따라, 우리는 자신을 향상하고 다른 사람을 도울 수 있는 더욱더 많은 방법을 찾을 것입니다. 우리의 삶은 자연히 더 의미 있게 될 것입니다.

정토법이 우리를 향상하는 데 도움을 줄 수 있는 많은 방법이 있습니다. 예를 들어 정토 수행자들은 다음과 같은 이익이 있다고 보고했습니다.

1. 장애와 어려움을 복으로 바꾼다.
2. 번뇌가 덜하다.
3. 스트레스를 덜 받는다.
4. 마음이 더 평온해진다.
5. 삶이 더 즐거워진다.
6. 가정생활이 나아진다.
7. 호법신의 보호를 받아 뜻밖의 재난과 사고를 피한다.

8. 지혜가 증장된다.

9. 더 자비롭고 친절해진다.

10. 정신적 번뇌가 덜한 평온한 죽음을 맞이한다.

11. 장애가 소멸된다.

또한 정토 수행법은 삼매, 즉 집중력을 향상시킬 수 있습니다. 정토 수행은 건강과 인내력 증진에서부터 다른 사람들과의 긴장 완화와 관계 개선에 이르기까지 많은 이익을 가져다줍니다. 삼매의 힘을 키우는 방법에 대한 자세한 내용은 33장 및 37장과 『선 수행 지침서(The Chan Handbook) - 초보자를 위한 선 수행 안내서』를 참고하세요.

또한 오늘날 우리 세계에서 겪는 투쟁과 괴로움이 삶의 전부가 아니라는 것을 알면 안심이 될 수 있습니다. 우리가 잘 수행한다면, 이번 생 이후에 상황은 훨씬 더 나아질 수 있습니다. 이것을 알면 우리가 현재 직면하고 있는 괴로움에서 오는 압박감을 어느 정도 덜어줍니다.

특히 정토의 가르침은 극도로 병이 심하거나 죽어가는 사람들을 돕는 데 매우 효과적입니다. 이런 사람들은 보통 이번 생에 깨달음을 얻고 업장을 해결하는 데 필요한 시간과 에너지가 없습니다. 그러나 그들은 고통의 문제에 정면으로 직면하도록 강요받기 때문에, 극도로 집중적이고 강력한 마음 상태로 들어갈 수 있습니다. 만약 그들이 정토의 가르침에 믿음이 있다면, 아픈 사람들은 그들의 병을 더 넓고 더 의미 있는 상황에 놓음으로써 위안을 얻을 수 있습니다. 그리고 어떤 사람들은 심지어 건강이 극적으로 개선되는 경험을 할 수도 있습니다. 마지막으로, 임종을 앞둔 사람들은 훨씬 더 편안하고 평화롭게 죽음을 맞이할 수 있습니다.

이는 『정토왕생록淨土往生錄』에 나오는 다음과 같은 유명한 이야기에서 잘 나타납니다. 옛날에 소고기를 전문으로 파는 백정이 있었습니다. 말년에 이르러 수많은 소 떼가 몰려와 자신을 괴롭히는 꿈을 꾸곤 했습니다. 그는 아내에게 승가에 도움을 청하라고 했습니다. 한 원로 스님이 와서, 백정이 살생의 업이 매우 무거워 염불을 해야만 도움이 될 수 있다고 했습니다. 백정은 스님과 함께 염불했습니다. 얼마 지나지 않아 (소) 귀신들이 떠났고, 그는 커다란 평온함을 느꼈습니다. 이러한 경험으로 인해 백정은 아미타불과 서방극락정토를 크게 믿게 되었습니다. 그는 죽은 뒤 훨씬 더 좋은 곳으로 갈 기회가 있다는 것을 깨닫고 더욱 간절하게 염불을 계속했습니다. 얼마 되지 않아 그는 부처님이 맞이하러 오시는 것을 보았다고 했습니다. 그는 서방정토 극락세계에 왕생했습니다.

또한 우리에게 몇 건의 사례가 있는데, 우리 사찰의 신도님들이 돌아가신 친척들이 큰 고통을 겪는 꿈을 꾸었습니다. 이분들이 고인을 돕기 위해 정토불교에서 할 수 있는 특별한 의식을 하자, 그들은 나중에 고인이 된 친척들이 잘 지내고 있고 훨씬 더 좋은 곳에 간 꿈을 꾸었습니다.

궁극적으로 우리가 이 세상에서 겪는 괴로움은 불필요하며, 우리는 괴로움을 끝낼 수 있습니다. 이것이 바로 우리 모두가 추구해야 하는 것입니다. 많이 아프거나 죽어가는 사람은 건강하고 잘 지내는 사람보다 이 점을 빨리 인식할 동기가 있어서, 그들이 사후에 서방정토 극락세계에 도달함으로써 문제를 즉시 해결할 수 있을지도 모릅니다.

그러나 정토 수행의 이익을 얻기 위해 위기에 처할 필요는 없습니다. 우리가 살펴보았듯이, 정토 수행법은 특히 현생에 깨달음을 성취할 수 없는 누구에게나 적합합니다. 우리 대부분이 그러합니다. 정토 수행법은 초심자부터 높은 경지에 이르기까지 모든 사람이 수행할 수 있다는 독특한 장점이 있습니다. 어떤 정토 수행은 간단하면서도 효과적인 반면, 이해하고 수행하기 훨씬 더 미묘하고 어려운 정토 수행도 있습니다.

가르침에 지식적으로 접근하는 사람들은 정토 수행법을 단지 이야기 또는 수행의 동기를 부여하려는 방편으로 잘못 이해하기도 합니다. 그러나 이는 피해야 하는 잘못입니다. 우리 세계와 마찬가지로 정토는 정말 존재합니다.

만약 우리가 이 정토들 중 한 곳에 간다면, 괴로움을 겪지 않을 뿐만 아니라, 우리 존재 또한 본질적으로 의미 있게 될 것입니다. 예토에서처럼 에너지를 세속적인 추구로 향하게 하는 대신에, 우리는 오직 한 가지 일만 할 것입니다. 우리 스스로 부처가 될 때까지 수행하는 것입니다.

그것이 진정한 행복이고, 안전이며, 삶에 의미를 가져옵니다.

12

아미타불과 48대원

아미타불의 과거 서원과 수행 덕분에 오늘날 우리는 서방정토 극락세계에 갈 수 있습니다.

『아미타경』에서 석가모니 부처님은 다음과 같이 말씀하셨습니다. "사리불아, 네 생각은 어떠하느냐? 그 부처님을 왜 아미타불이라 부르겠느냐? 사리불아, 저 부처님의 광명은 한량이 없어서, 시방의 모든 나라를 아무런 걸림이 없이 두루 비추니 그러므로 아미타불(무량광불無量光佛)이라 하느니라."

사실 아미타불의 이름은 '무한한 광명'이라는 뜻입니다. 아미타불의 광명은 어디에나 닿습니다. 그러므로 모든 중생은 아미타불의 지도와 보호에 의지할 수 있습니다.

아미타불은 중생이 깨달음을 얻어 궁극적으로 부처가 되는 것이 얼마나 어려운가를 보고, 우리가 그의 정토에 왕생할 수 있도록 돕기 위해 특별한 법을 만들었습니다. 아미타불은 우리의 왕생을 돕기 위한 능력을 완벽하게 하려고 열심히 수행했습니다. 그리고 많은 생의 수행으로 지은 공덕을 서방정토 극락세계를 건설하는 데 회향했습니다. 이제 아미타불의 자비로운 서원이 성취되었으니, 그의 정토는 신실한 수행자들이 모여 그들의 길에서 도움을 받는, 상상할 수 있는 가장 이상적인 곳 중의 하나가 되었습니다.

아미타불은 오랫동안 보살도를 닦았기 때문에 온 우주의 수많은 중생과 인연이 있습니다. 아미타불의 서원 덕분에 이제 우리는 아미타불의 명호를 외우기만 하면 되고, 그러면 즉시 아미타불의 힘에 의지해 진전할 수 있습니다.

복이 있는 존재들 사이에서도 아미타불은 빛납니다.

아미타불은 어떻게 중생을 돕는 이렇게 강력한 방법을 만들어 냈을까요?

오래전 과거 생에 아미타불은 강력한 국왕이었습니다. 국왕은 아득히 먼 과거의 과거불인 세자재왕여래께 여러 차례 공양을 올렸습니다. 공양하고 나서 국왕은 이 부처님의 설법을 들었습니다. 후에 국왕은 왕위를 버리고 출가하여 법장 비구로 알려지게 되었습니다(비구는 산스크리트어 빅슈(Bhikshu)의 음역으로 남자 승려 또는 출가자의 뜻입니다).

도를 닦을* 때, 법장 비구는 세자재왕여래께 법계에서 가장 좋은 세계를 보여달라고 했습니다. 부처님은 위신력으로 모든 세

---

* '도를 닦다(修道)'는 8장에서 다룬 사성제 수행을 일컫는 불교 표현입니다. 그러나 일반적으로 깨달음에 이르기 위해 불법을 수행하는 것을 의미할 수도 있습니다.

계를 보여주고, 법장 비구에게 각각의 세계가 어떻게 만들어졌는지도 설명해 주었습니다.

그 후 법장 비구는 수행을 통해 가능한 최고의 정토를 건설하기로 결심했습니다. 그리하여 그는 48대원을 세웠습니다. 이 서원으로 결국 먼 미래에 완전한 깨달음을 얻어 아미타불이 되었습니다.

예를 들어 법장 비구는 서원에서 "모든 중생이 내 이름을 열 번만 불러도 나의 나라에 태어날 수 없다면, 나는 부처가 되지 않겠습니다."라고 합니다.

또한 법장 비구는 중생이 더 이상 고통받지 않고 성불을 향해 꾸준히 진전하는 국토를 건설하기 전에는 부처가 되지 않겠다고 발원했습니다. 그렇습니다. 정토에서는 다시는 윤회로 돌아가지 않고, 한 생에 부처가 될 수 있습니다.

48대원의 각각의 원에서 법장 비구는 이 48원이 모두 이루어지지 않으면 부처가 되지 않겠다고 합니다.

법장 비구는 이후 이 서원들을 이루기 위해 수없이 많은 생 동안 수행했습니다. 십 대겁 전에 수행이 성취되어 완전한 깨달음에 이르렀고, 그리하여 아미타불이 되었습니다. 이는 아미타불의 48원이 모두 십 대겁(믿을 수 없을 정도로 긴 시간) 이전에 이루어졌고, 십 대겁 동안 이루어져 왔다는 것을 의미합니다. 그러므로 아미타불이 각각의 서원에서 구상한 모든 방법이 이제 드러나 우리가 사용할 준비가 되어 있습니다.

아미타불은 오랫동안 보살로 수행해서, 이제는 온 우주의 중생이 깨달음의 중간 역으로 삼을 수 있는 세계를 건설하기에 충분한 공덕과 업연業緣을 쌓았습니다. 이렇게 해서 서방정토 극락세계가 건설되었습니다. 이는 『소아미타경(불설아미타경)』과 『대아미타경(무량수경)』에 잘 기록되어 있습니다.

정토에 가면 아미타불을 스승으로 모실 것이고, 따라서 불교의 심오한 원리를 깨닫는 데 훨씬 수월할 것입니다.

어떤 정토든 정토로 가는 것이 가장 바람직하지만, 이것은 성취하기 쉽지 않습니다. 우리가 선택한 어떤 정토에도 갈 수 있다는 것을 알아야 합니다. 그러나 이 세계에서 우리는 아미타불과 인연이 매우 깊어서, 아미타불의 서방정토 극락세계가 우리가 가장 가기 쉬운 곳입니다. 그래서 모든 부처님이 아미타불을 찬탄하고 수많은 대보살들이 스스로 그곳에 왕생하겠다고 발원합니다.

보살들도 정토에 가서 수행하겠다고 발원했으니, 우리도 그렇게 따라 해야 합니다.

13

정토에서의 삶

서방정토 극락세계가 어떤 곳인지 알아보려면 『불설아미타경』을 보면 됩니다. 『소아미타경』 또는 『아미타경』이라고도 불리는 이 경전에서 석가모니 부처님은 다음과 같이 정토를 묘사합니다.

> "사리불아, 그 불국토에는 미풍이 불면 온갖 보배 가로수와 보배 그물들이 흔들려 미묘한 소리를 내는 것이 마치 백천 가지 음악이 동시에 울리는 것과 같으니라. 이 소리를 듣는 이는 누구나 불법승 삼보를 생각하는 마음이 저절로 우러나게 되느니라."

이 경전에는 정토에서 볼 수 있는 비할 데 없는 장엄과 즐거움에 대한 설명이 더 많이 있습니다. 그곳 환경의 모든 것, 나무와 누각부터 모든 중생, 그리고 스승으로서의 부처님들과 보살들까지, 모든 것이 우리가 법을 수행하는 데 도움을 주고 불법의 심오한 의미를 이해하는 데 도움을 줍니다.

그리고 물론 서방정토 극락세계에는 괴로움이 전혀 없습니다. 그곳에서 누리게 될 삶보다 더 멋진 삶은 상상할 수 없습니다. 아침에 일어나면 당신의 궁전 앞에 펼쳐진 다양한 색의 연꽃이 핀 연못을 볼 수 있습니다. 또는 공중에 떠 있는 궁전 중 한 곳에 산다면, 아침 명상에 빛이 당신 주위의 구름을 비추고, 당신의 궁전을 장엄하는 칠보에 반사됩니다.

명상 후에, 여덟 가지 공덕을 갖춘 물(팔공덕수八功德水)이 있는 연못에서 수영하거나 산책할 수도 있습니다. 항상 상쾌한 아침 공기 속에서 지저귀는 새 소리, 나무 사이를 스치고 지나가는 바람의 미묘한 음악, 발아래 땅의 황금빛 광채, 모든 것이 부처님의 가르침과 지혜의 깊이에 대해 깊은 경이로움과 기쁨으로 당신을 가득 채웁니다.

사바세계에서는 감각적 지각이 욕망을 부채질하고 수행을 방해했습니다. 그러나 정토에서는 지각하고 경험하는 모든 것이 집중력을 높이고 내재된 지혜를 열도록 도와줍니다. 은은한 연꽃 향기를 맡으며 집으로 돌아가면서, 모든 환경이 법을 설하고 수행을 지지해주는 그런 미묘한 세계를 만들어 주신 아미타불에 대한 고마움을 사유할 수도 있습니다.

산책을 마치면 공양을 위해 꽃을 모읍니다. 정토의 모든 이가 아미타불의 위신력을 사용할 수 있기 때문에, 당신은 온 우주 어디든지 자유롭게 여행할 수 있습니다. 매일 점심 식사 전에, 당신은 먼 세계를 방문하여 그곳의 다른 부처님들께 예배하고 배웁니다.

돌아오면 식사할 시간입니다. 정념正念으로 식사할 때 원하는 음식이 무엇이든 다 나타납니다. 식사를 마친 후에는 도반과 앉아서 법의 더 좋은 점에 대해 얘기할 수도 있습니다.

오후에는 연못에서 목욕을 할 수 있는데, 연못은 마음대로 온도를 조절할 수 있고 선근을 증장시켜 줍니다. 선근은 수행의 진전을 가능케 하는 큰 복입니다.

연못으로 흘러드는 물은 고, 무상, 무아, 공의 법을 설합니다. 당신은 삶의 모든 순간이 수행에 전념하게 되는 것에 감사해합니다. 일을 하거나 돈을 벌 필요가 없습니다. 질병, 중독, 장애가 없습니다. 축생, 아귀, 지옥의 삼악도가 서방정토 극락세계에 존재하지 않기 때문에 당신을 괴롭히는 귀신이나 마魔가 없습니다.

저녁에는 명상이나 경전 공부를 좀 더 한 후에, 관세음보살께서 법문을 하실 수 있습니다. 또는 아미타불께서 금, 은, 청금석, 수정, 자개, 붉은 진주, 마노 등 칠보로 만든 누각 위의 법당에서 직접 대중을 위해 법을 설하실 것입니다. 법문이 끝난 후, 방금 들은 새로운 법을 소화할 수 있도록 명상을 좀 더 하는 것으로 하루를 마무리할 수도 있습니다.

매일 당신의 수행은 부처의 지혜의 새로운 면을 드러냅니다. 당신은 아라한의 단계를 거쳐 보살도의 계위를 올라가면서 통찰력을 끊임없이 개발합니다. 나날이 더욱 분명하게 불성을 보고, 자신의 참마음의 비할 바 없는 미묘함을 터득하는 것을 배웁니다.

결국 깨달음을 완성할 때까지 당신은 여러 겁 동안 이렇게 살 것임을 알기 때문에 두려움에서 벗어납니다. 그러고 나서 당신은 예토로 돌아갈 수 있을 것입니다. 다만 이번에는 부처로 가는 것입니다. 그때 당신은 수없이 많은 중생을 괴로움의 언덕에서 열반의 저 언덕으로 건너가게 할 것입니다.

정말로 이보다 많은 것을 누가 더 바랄 수 있을까요?

제3부 정토불교의 기본 개념

14

최고의 법문

부처님은 중생이 부처의 세계로 들어갈 수 있는 많은 진입점을 제공합니다. 우리가 이러한 법문法門들을 통과할 수 있다면, 부처의 지혜를 얻을 수 있습니다.

법문은 불교 수행의 다양한 방법들을 가리킵니다. 부처와 보살들은 우리가 깨달음에 이르도록 이러한 방법들을 가르치려 우리 세계에 옵니다.

2,500여 년 전, 석가모니 부처님께서 사바세계에 불법을 가져왔을 때, 다양한 법문을 가르치셨습니다. 이 모든 것은 매우 강력한 것입니다. 그런데 현대에 특히 적합한 법문이 하나 있습니다. 그 법문은 정토불교입니다.

그 이유를 알기 위해 불교의 세 시기를 살펴보겠습니다.

정법시대: 이 시기는 부처님 열반 이후 500년 동안입니다. 이 시기에는 명상을 통한 선정(집중) 수행이 흔했고, 사람들은 상당히 쉽게 성과聖果를 증득했습니다.

상법시대: 그다음 500년 동안 사람들은 사찰과 불상을 조성함으로써 복을 짓는 것을 더 좋아했습니다.

말법시대: 우리는 현재 이 시대에 살고 있습니다. 부처님께서는 세상이 싸움, 갈등으로 가득 차고, 불법을 성실하게 수행하거나 도덕적인 삶을 살려고 노력하는 사람이 거의 없을 것이라고 예언하셨습니다.

거의 2,000년 전에 말법시대로 접어든 이후 불교는 점점 쇠퇴하고 있으며, 계속 내리막을 가고 있습니다. 부처님에 의하면 이 기간은 총 1만 년 동안 지속되고, 이 시대가 끝날 때 불교는 소멸할 것이라고 합니다.

우리 주위에서 말법시대의 징후를 어렵지 않게 볼 수 있습니다. 우리는 점점 더 정신없이 바쁘고 뿔뿔이 흩어지는 문화 속에서 살고 있습니다. 이런 문화는 자기 방종을 조장하고 자아를 고양시킵니다. 성공하고 물질적인 위안을 얻으려는 압박은 우리를 압도할 수 있고, 다른 사람들에게 다가가 도움의 손길을 내밀 시간과 의향이 거의 없습니다.

따라서 과거보다 현대 사회에서 깨닫는 것이 더 어렵습니다. 사실 오늘날 부처님의 가르침을 공부하고 수행하는 대다수의 사람은 한 생에 깨달음을 얻지 못할 것입니다.

그리고 깨달음의 초기 단계에 도달할 수 있다고 해도, 보살도를 따라 나아가고 결국 모든 대승 수행자들의 궁극적인 목표인 부처가 되기 위해서는 아직도 훨씬 더 많이 정진해야 합니다.

이 불사의 거대함은 왜 우리의 압도적 다수가 죽을 때까지 정진 수행해도 부족할지에 대해 설명해 줍니다. 우리는 계속해서 윤회의 수레바퀴에서 돌고 돌 것이며, 만약 준비되지 않으면 반드시 피해야 할 낮은 세계로 떨어질지도 모릅니다.

그러나 우리가 살펴보았듯이, 만약 서방정토 극락세계에 태어난다면 우리는 윤회의 위험을 피할 것입니다. 왜냐하면 정토의 조건들이 수행을 지지하고 도와주어서 바로 그 생에 깨달음을 얻는 게 확실할 것이기 때문입니다. 깨달음을 성취하면 다시는 가차 없는 생사의 윤회에 마구 던져지지 않을 것입니다.

현재 불교의 가르침이 더욱 희유해지고 있는 말법시대에, 대승과 그 팔만사천법문을 만났으니 우리는 특히 복이 있습니다. 오늘날 이러한 가르침을 받을 수 있게 해주신 조사 스님들의 자비를 잊어서는 안 됩니다. 조사들은 깨달은 큰스님들의 법맥으로, 부처님 시대로 거슬러 올라갈 수 있습니다. 조사 스님들은 정법을 다음 세대에 전하는 책임을 맡아왔습니다.

특히 만불성성(萬佛聖城, The City of Ten Thousand Buddhas)과 법계불교총회(法界佛教總會, The Dharma Realm Buddhist Association)를 설립한 선화 큰스님께 감사해야 합니다. 선화 큰스님은 대승을 중국에서 미국으로 전하고, 대승 경전을 광범위하게 강의하셨습니다. 선화 큰스님의 가르침을 영어로 번역한 것은 영어로 된 가장 훌륭하고 가장 정확한 대승법의 기록 중 하나입니다.

선화 큰스님은 가장 최근에 알려진 조사이므로, 정법을 배우고자 하는 모든 분이 선화 큰스님께 가까이 다가가서 스님의 가르침을 배우길 권합니다.

선화 큰스님은 중국불교의 5대 종파를 미국에 전하셨습니다.

1. 율종: 해탈에 필요한 기반을 다지기 위해 계율과 행위 규범
   을 연구하고 수지합니다.
2. 교종: 지혜를 열기 위해 불교의 교리를 광범위하게 연찬합
   니다.
3. 선종: 깨닫기 위해 선 수행에 집중합니다.
4. 밀종: 진언을 외우는 주력 수행을 하는데, 이는 특별한 힘을
   가진 기도나 염송입니다. 예를 들어 약사주는 치유를 촉진
   하고 건강을 증진할 수 있습니다.
5. 정토종: 정토에 왕생하기를 기원하며 염불을 합니다.

정토불교가 우리 시대에 '최고의' 법문으로 여겨지는 또 다른
이유가 있습니다. 염불이라는 수행법을 정토종뿐만 아니라 다른
네 종파에서도 한다는 것입니다.

- 염불을 함으로써 망상을 없애고 집착을 끊을 수 있습니다. 이
  것이 선종입니다.
- 아미타불의 이름에는 무량한 의미와 원리가 담겨 있습니다.
  이것이 교종입니다.
- 어떤 수행력을 갖춘 사람들은 몸, 입, 마음의 삼업이 청정해
  지는 깊은 경지에 이를 때까지 염불할 수 있습니다. 이것이

율종입니다.

- '아미타불'이라는 구절은 귀신을 쫓고, 원한을 풀고, 업장을 소멸하고, 원하는 것을 얻게 도와주고, 마를 제압하는 것으로 알려진 진언의 역할을 할 수 있습니다. 이것이 밀종입니다.

옛날에 정토 조사 한 분이 수행하는 지역에서 1년 동안 계속된 가뭄을 겪자 도와달라는 부탁을 받았습니다. 조사 스님은 그들을 위해 염불하는 것 외에는 별수 없다고 겸손하게 말했습니다. 조사 스님은 큰소리로 염불하면서 피해 지역을 돌며 종을 쳤습니다. 스님이 가는 곳마다 비가 왔습니다.

불교 5대 종파의 수행자들이 어떤 법문을 수행해야 하는지 종종 묻습니다. 답은 정토불교입니다. 왜냐하면 많은 수행력이 높은 수행자들이 염불로 법을 성취한 것이 증명되었기 때문입니다.

불교 5대 종파의 어느 종파든 모든 법문(수행 방법)은 삼매, 즉 집중력을 개발하기 위해 고안되었습니다. 정토불교도 다른 많은 수행 방법들과 마찬가지로 효과적으로 삼매력을 개발할 수 있습니다. 그런데 삼매를 닦는 방법이 많이 있다면, 왜 정토 수행법이 '최고'일까요?

왜냐하면 정토법문은 상근기(上根機, 이근利根)에서 하근기(下根機, 둔근鈍根)에 이르기까지 광범위한 수행자들에게 적합하기 때문입니다. 여기서 '상근기'는 복이 매우 많고 여러 생 동안 이미 대승을 수행해 왔을 가능성이 높은 소수의 사람을 가리키는 반면, '하근기'는 법을 이해하는 데 더 어려움을 겪고 전생에 법을 거의 접하지 않은 사람들을 가리킵니다. 다시 말해, 정토 수행법은 모든 수준과 능력을 갖춘 사람들에게 적합합니다.

상근기의 사람이라고 해서 정토종의 수행 방법 위에 있지 않습니다. 사실 십지 보살과 같은 높은 단계의 많은 수행자들조차 염불에 전념합니다. 아미타불을 염불하는 것이 곧 모든 부처님을 염불하는 것이고, 서방정토 극락세계에 왕생하는 것이 시방 十方의 모든 불국토에 왕생하는 것임을 이미 상근기의 사람들은 이해하고 있습니다.

반면에 근기가 얕은 사람들은 그저 왕생하고 고통에서 벗어나기 위해 염불합니다.

선 수행은 성취하기가 매우 어렵기 때문에 일반적으로 상근기의 사람들에게 가장 적합합니다. 그러나 선과 함께 정토를 수행할 때, 정토의 가르침은 폭넓은 사람들이 선禪을 접하게 할 수 있습니다.

또한 선종은 삼매 개발을 위한 매우 강력한 수행법이 있어서, 정토 수행자들은 선禪의 도구를 사용해 수행력을 더 빨리 끌어올릴 수 있습니다.

마지막으로, 그리고 가장 중요한 것은 우리는 다른 사람들을 돕기 위해 수행합니다. 그리고 정토불교는 이것만으로도 효과적인 방법을 제공합니다.

우리가 어떻게 정토 수행법으로 다른 사람들을 도울 수 있을까요?

우선, 우리 자신이 다른 사람들에게 짐이 되는 것을 허용하지 않음으로써 가능합니다. 우리의 미혹을 다른 사람이 감당하지 않도록 하고, 사회에 골칫거리가 되지 않기 위해 먼저 우리 자신을 구제하려고 노력해야 합니다.

또한, 우리는 정토불교가 다른 사람들의 왕생을 돕기 위해 개발한 많은 도구를 활용함으로써 다른 사람들을 구제할 수 있습니다. 이렇게 함으로써 그들 역시 더 이상 괴로움을 겪지 않고 행복만 누릴 것입니다.

마지막으로, 정토에 도달하면 우리는 지혜가 완성될 때까지 수행할 것입니다. 그러고 나서 우리는 각자 부처로서 예토에 돌아가 수많은 중생을 제도할 수 있을 것입니다.

이것이 대승의 대자비大慈悲 정신입니다. 우리는 다른 사람들을 구할 수 있기 위해 자신을 구합니다. 그러고 나서 우리 자신을 완벽하게 구하기 위해 다른 사람들을 구하는 법을 배웁니다.

우리가 여기서 다룬 선과 정토를 같이 닦는 선정쌍수禪淨雙修의 방법은 선화 큰스님의 가르침에서 비롯됩니다. 선정쌍수에 대한 자세한 내용은 제6부 '선정쌍수禪淨雙修, 어떻게 수행할 것인가?'를 참고하세요.

15

오직 행복

일반적으로 세속적인 행복은 인간의 감각적 욕망을 충족시키는 것을 나타냅니다. 예를 들어 맛있는 음식을 즐기거나, 칭찬을 받거나, 아름다운 음악을 듣거나, 사랑받는다고 느낄 때 행복합니다. 더 깊은 수준의 행복이 있을 수도 있지만, 이 역시 세속적인 것으로 여겨집니다.

지혜로운 불자는 '행복'과 '완전한 행복'을 구별합니다. 감각적 쾌락으로부터 일반적으로 느끼는 행복은 다소 거친 행복입니다. 이와는 대조적으로, 완전한 행복은 천상계에서 누리는 것과 같이 더 정제된 형태의 행복을 나타냅니다.

예를 들어 욕계천에서는 천신과 천녀들이 그저 행복이 아니라 완전한 행복을 누립니다. 천상의 존재들도 인간계에서의 육감적인 사랑보다 훨씬 깊고 더 미묘한 관능적인 사랑을 합니다.

어떤 천상에서는 천신들이 인간계에서 가장 좋은 옷보다 훨씬 더 세련된 천상의 옷을 입습니다. 이 의복은 각각의 천상의 존재들에게 완벽하게 맞으며, 절대로 더러워지지 않기 때문에 세탁할 필요가 없습니다. 의복은 원하는 대로 정확히 나타납니다. 이것이 천상복의 특성입니다. 나머지 감각과 관련된 다른 물질적인 것에도 동일하게 적용됩니다.

천상의 완전한 행복에는 두 가지가 있습니다.

1. 육욕천에 있는 천인들의 경우와 마찬가지로 복에서 오는 행복.
2. 매우 정제된 형태의 행복을 만들어 내는 선정력에서 오는 행복. 선정의 단계가 높을수록 행복도가 높아집니다.

다른 모든 것과 마찬가지로 천상의 행복도 기간이 제한되어 있습니다. 예를 들어 삼계에서 가장 높은 하늘, 비상비비상천에서 수명은 8만 대겁입니다. 이는 믿을 수 없을 정도로 긴 시간입니다. 1대겁이 10억 년 이상 지속되기 때문입니다. 비록 이 천상의 존재들은 그렇게 오랫동안 엄청난 행복을 누리지만, 천상의 수명이 다해 윤회로 돌아오면 결국 괴로움을 겪게 될 것입니다.

마찬가지로 서방정토 극락세계의 존재들도 우리 사바세계와 같은 예토에서보다 상당히 정제된 행복을 누립니다. 그 정토는 존재들이 누리는 즐거움이 모든 법계와 비할 수 없이 지극하기 때문에 '극락토極樂土'라고도 합니다. 그것은 우리 세계에서 상상할 수 있는 그 어떤 것보다 훨씬 더 좋습니다.

게다가 정토의 중생은 위없는 깨달음을 얻은 이들과 함께 있을 것입니다. 그들과 함께 있는 것은 훨씬 더 즐겁습니다. 이러한 깨달은 존재들의 지혜의 빛에서 큰 이익을 얻을 수 있습니다. 그곳의 삶이 끝날 때까지 정토에서 존재하는 특징이 바로 그런 것입니다.

그렇습니다. 정토의 중생도 수명이 한정되어 있습니다. 그러나 그들의 수명은 훨씬 더 길고 그들의 조건은 수행에 매우 도움이 되기 때문에, 그들은 한 생에 부처가 될 것이고, 결코 윤회로 돌아가지 않아도 될 것입니다.

서방정토 극락세계에 가는 이들은 모든 종류의 괴로움을 영원히 끝낼 것입니다. 더 이상 음식·마약·알코올 등과 같은 것에 중독될 일이 없고, 더 이상 세대 간이나 계층 간의 문제가 없으며, 더 이상 삶의 투쟁이 없을 것입니다!

이 모든 것은 수행을 지극히 가치 있는 노력으로 만듭니다. 그러나 문제가 남아 있습니다. 정토에 어떻게 가나요?

16

오직 십념十念

『小아미타경』이라고도 하는 『불설아미타경』에서는 목숨이 다할 때 '한마음으로 흐트러짐 없이(일심불란一心不亂)' 아미타불의 명호를 열 번만 부르면(십념十念), 서방정토 극락세계의 아미타불과 성중들이 맞이하러 와서 우리를 데리고 함께 정토로 갈 것이라고 합니다.

이것은 쉽게 들릴지 모르지만 사실 더 복잡합니다. 서방정토 극락세계에 도달하는 데 부처님의 도움이 필수적일 뿐만 아니라, 부처님께서 우리를 그의 땅에 왕생하도록 도와주는 데 동의해야 합니다.

그러면 우리가 정확히 무엇을 해야 할까요?

'한마음으로 흐트러짐 없이(일심불란一心不亂)' 부처님 이름을 열 번 연속으로 외우기만 하면(십념十念) 됩니다. '일심불란'한 경지를 염불삼매라고도 합니다.

이 삼매에 대한 세부사항은 이 입문서의 범위를 벗어납니다. 그러나 일반적으로 말해서, 중간에 단 한 번의 잡념 없이 부처님 이름을 연이어 열 번 외울 수 있어야 합니다.

삼매(사선四禪 이상)가 상당한 수준에 이른 수행자들은 잡념 없이 염불할 수 있다고 믿겠지만, 실제로 이 수준에서는 마음이 여전히 거칠고 망상으로 가득 차 있습니다.

'일심불란하게(한마음으로 흐트러짐 없이)' 염불하는 경지에서는 다른 생각이 떠오르지 않을 정도로 잊지 않고 부처님의 명호를 마음속에 지니고 있습니다. 부처님의 명호가 다른 어떤 생각에도 방해받지 않고, 생각 생각이 끊임없이 이어집니다. 이것이 진정한 자제력입니다!

이 수준의 삼매에 들기는 너무 어려워서 수십 년 동안 매일 염불에 평생을 바쳐온 많은 높은 경지의 수행자들이 평생 이 삼매에 몇 번밖에 들 수 없었습니다.

분명한 것은, 염불삼매에 드는 것이 쉽지 않지만 불가능한 것은 아닙니다. 왜일까요? 우선 불교에는 훨씬 더 높은 삼매 수준이 더 많이 있습니다.

이 수준의 삼매에 들 수 있다고 믿는 사람은 지혜로운 스승에게 확인해야 합니다. 이 삼매에 들면 미묘한 일이 일어나기 때문에, 스승은 당신이 정말로 이 수준을 성취했는지 확인해줄 수 있을 것입니다. 이것은 함부로 누설할 수 없는 불교의 비밀입니다.

대부분의 정토 수행자들은 지혜로운 스승 없이 염불삼매에 드는 것이 매우 어렵다는 것을 알지 못합니다. 그들은 염불만으로 왕생할 수 있다고 믿는 것 같습니다. 그러나 실제로는 전혀 그렇지 않습니다. 염불삼매에 이르는 자만이 이런 보장을 받을 수 있는데, 왜냐하면 아미타불께서 그들의 의도를 알고 그들이 임종 시에 도와줄 것이기 때문입니다.

그런데 아미타불은 어떻게 우리의 의도를 알까요? 무엇이 우리로 하여금 아미타불의 땅에 왕생을 염원하는 무수한 존재들 중에서 돋보이게 할 것인가요?

앞에서 언급했듯이 아미타불은 그의 이름이 '한마음으로 흐트러짐 없이(일심불란)' 열 번 불려질(십념) 때까지 우리에 대해 알지 못합니다. 만약 이것을 해낼 수 있다면, 그것은 아미타불에게 전보를 보내어 아미타불의 땅에 가고자 하는 간절한 소원을 전하는 것이나 다름없습니다. 그러면 우리가 죽을 때 정토로 갈 사람들의 명단에 오를 수 있습니다.

우리 자신의 왕생을 확실히 하기 위해 이 염불삼매에 들기면 하면 되고, 이것을 한 번만 하면 승객 명단에 오를 수 있습니다.

죽을 때에 염불해야 한다고 생각하는 사람들이 있습니다. 이것은 그렇지 않습니다.

더구나 그냥 세속적인 삶을 살다가 죽을 때가 돼서 염불을 시작할 수 있다고 생각하는 사람들도 있습니다. 이것은 골프를 처음 칠 때 쉽게 홀인원을 할 수 있다고 생각하는 것과 같은 것입니다!

이것이 우리가 염불 방법을 지도하기 위한 수행 일정을 마련한 이유입니다. 우리 신도님들은 주말에 정기적으로 절에 와서 수행합니다. 일주일 동안 염불을 하는 '불칠佛七'에도 참가하는 데, '불칠'은 칠일 동안 염불 정진하는 것을 의미합니다.

우리는 서방정토 극락세계에 가는 권리를 반드시 얻어야 합니다.

이것은 힘든 일이지만 그 결과는 심오합니다.

17

너무 좋아서 믿기 어렵다

정토법문은 미묘하고 대단히 효과적인 방법입니다. 그러나 과장되고 거짓된 주장을 하는 사람들을 경계해야 합니다.

예를 들어 저의 제자 중 한 명이 저에게 해준 얘기인데, 그녀의 친척이 그녀에게 정토불교에 대한 다른 스님의 DVD를 보라고 했습니다. 그 스님은 자신의 DVD를 보는 사람은 누구나 임종 시에 서방정토 극락세계에 태어날 것을 보장합니다.

정토에 왕생하기가 그렇게 쉽다면 왜 굳이 염불을 할까요? 아미타불은 우리가 한마음으로 흐트러짐 없이(일심불란) 아미타불 명호를 열 번 불러야만(십념) 비로소 임종 시에 와서 그의 불국토로 데려갈 것이라고 합니다. 그리고 앞에서 언급했듯이 '한마음으로 흐트러짐 없는 일심불란一心不亂'의 염불 경지는 믿을 수 없을 정도로 얻기 어렵습니다.

전통적인 대승 수행은 우리에게 일어나는 모든 좋은 일들을 우리가 지어서 받아야 합니다. 업의 기본 법칙은 보상과 복을 지어서 받아야 합니다. 불교에서 우리의 위치도 마찬가지입니다.

예를 들어 부처님께서 대중에게 법을 설할 때, 보살과 아라한은 보통 앉고 나머지 호법은 서야 합니다. 이것은 이전의 공헌으로 받은 공동체 내에서의 위상을 반영합니다.

결국 우리가 노력하지 않는 한 부처와 보살이 될 수 없습니다. 어떤 지혜로운 스승도 지름길을 약속하거나, 보장을 해주거나, 게으름을 묵인함으로써 그들의 추종자들을 격려하지 않을 것입니다. 불교는 공평한 실력주의입니다.

지혜로운 스승은 불교에서 흔히 선지식으로 불립니다. 선지식은 항상 제자들에게 정진하도록 격려합니다. 선지식은 듣기 힘든 말을 자주 합니다. 왜일까요? 선지식의 가르침은 거대한 자아를 최소화하기 위한 것이지, 자아를 확대하기 위한 것이 아닙니다. 따라서 선지식의 가르침은 자아에 위협적이며 받아들이기 힘들 수 있습니다.

이것은 우리와 같이 미혹한 사람들이 받아들이기 힘든 부분입니다. 스승의 일은 우리의 결점을 지적하는 것입니다. 만약 우리에게 성의가 있다면, 스승은 어떻게 고쳐야 할지 가르쳐줄 수 있습니다.

당신의 성의를 증명하기 위해 어떤 희생을 했나요? 만약 대승을 위해 아무것도 하지 않았다면 부처님이 당신을 도와주기를 기대하지 마세요.

선지식은 제자들에게 자신의 탐욕스러운 마음을 경계하고, 보장과 공허한 약속을 믿지 말라고 가르칩니다. 만약 정토에 왕생하기가 그렇게 쉽다면 보살들은 필요 없을 것입니다.

올바른 방법으로 정진하는 사람들에게 정토왕생은 너무 좋아서 믿기 어려운 것이 아닙니다. 만약 한 사람이 정토법문을 성취할 수 있다면, 이번 생에 그 사람이 겪는 괴로움은 그가 겪어야 할 마지막 괴로움일 것입니다.

임종 시에 정토로 가는 사람들은 직장을 구하거나, 먹을 것을 충분히 가지거나, 병에 걸리거나, 죽거나 하는 걱정을 다시는 하지 않아도 될 것입니다. 그들은 다시는 지옥에 떨어지거나, 아귀나 축생이 되는 것에 대해서도 걱정하지 않아도 될 것입니다.

정토법을 수행하는 것이 힘든 일일지 모르지만, 그 이익은 충분히 가치가 있습니다!

18

횡으로 벗어나다

깨달음을 얻기는 매우 어렵습니다. 경전에서는 우리가 지금 사는 말법시대에 선 수행을 하는 백만 명당 단 한 명만이 깨닫는 데 성공할 것이라고 합니다.

그러나 이러한 수치에 절망해서는 안 됩니다. 오히려 옛사람들이 "만 명이 염불하여 만 명이 정토에 왕생한다."라고 한 정토 법문을 만난 것이 복이라고 생각해야 합니다.

그렇습니다. 이 수행법은 정말 그렇게 강력합니다. 그러나 이 말대로 되려면 조건을 갖추어야 합니다. 이것이 우리에게 정말로 말하고 있는 것은 염불하는 모든 사람이 비록 아주 아주 많은 생이 걸릴 수 있지만, 결국에는 정토로 갈 것이라는 것입니다. 하지만 바로 다음 생에 정토에 가는 것을 확실히 하고 싶은 이들에게 그 가능성은 더 도전적입니다. 그러나 그 가능성은 선 수행만 했을 때보다 훨씬 더 유리합니다.

선과 정토의 방법을 비교하기 위해 다음의 비유를 생각해 보세요. 긴 대나무 안에 벌레가 갇혀 있다고 상상해 보세요. 벌레는 대나무의 맨 아래쪽에 있고 꼭대기로 올라가기를 원합니다.

이것은 보리, 즉 깨달음에 이르는 것을 상징합니다. 선 수행에서 성공하는 것은 벌레가 대나무 줄기의 안쪽을 기어서 대나무 줄기의 마디마디를 연달아 갉아먹으면서 대나무 꼭대기까지 수직으로 올라가는 것에 비유할 수 있습니다. 벌레가 반드시 갉아먹어야 하는 모든 마디마디는 선 수행자들이 삼매력을 향상하고, 이 삼매력으로 그들이 무시이래로 쌓아온 모든 악업을 부수는 데 있어서 직면하는 난이도와 유사합니다.

실제로 선 수행자들은 많은 장애를 통과해야 합니다. 대나무 안쪽을 뚫고 기어오르려는 벌레가 상당히 어려운 도전에 직면해 있듯이, 선 수행자 역시 혼자서 만 명의 마와 싸우고, 필요하다면 그 과정에서 목숨까지 내놓겠다는 극단적인 각오도 해야 합니다.

그러나 정토 수행은 벌레가 대나무 줄기 속에서 횡으로(옆으로) 대나무를 갉아먹고 나와서, 꼭대기에 이를 때까지 막힘없이 대나무의 옆면을 기어 올라가는 것과 유사합니다. 분명히 대나무 바깥쪽을 기어오르는 벌레는 안쪽에서 마디마디를 갉아먹으며 통과해야 하는 벌레보다 훨씬 쉬울 것입니다.

마찬가지로 아미타불의 원력에 의지하는 정토 수행자는 선 수행자가 정면으로 마주해야 하는 많은 업장을 모두 건너뛸 수 있습니다. 아미타불을 믿고 아미타불의 명호를 부르는 모든 존재를 돕겠다는 아미타불의 서원에 의지함으로써, 윤회하는 삼계에서 횡으로 벗어날 수 있습니다.

대나무의 비유는 부처가 되기 위한 더 쉽고, 더 안전하고, 더 빠른 길을 제공할 뿐만 아니라, 윤회의 불확실성을 제거해 주는 정토법문의 힘을 보여줍니다.

19

업을 가지고 정토에 가다

이쯤 되면 예리한 독자는 "만약 업보에서 횡으로 벗어나 행복만 누리는 정토에 태어날 수 있다면, 이는 인과법을 벗어날 수 있다는 뜻인가요?"라고 반문할 수도 있습니다. 바꿔 말해서, 만약 정토에 도달한다면 다시는 괴로움을 겪지 않아도 될 것입니다. 그렇다면 과거 업의 결과로 우리가 받아야 할 모든 과보는 어떻게 되는 것일까요?

정토법은 인과법 밖에 있지 않습니다. 우리가 정토에 왕생하면 과거의 업이 소멸되는 것이 아니라, 실제로 업을 가지고 갑니다. 이를 "업을 가지고 왕생한다(대업왕생帶業往生)."라고 하며, "짐을 가지고 정토에 간다."라고도 합니다. 여기서 짐은 과보를 비유합니다.

우리는 모두 좋든 나쁘든 간에 시작도 없는 무시이래로 지어 온 아직 정해지지 않은 과보를 가지고 있습니다. 일반적으로, 악업은 미래 생에서 괴로움과 장애를 일으키는 부담으로 작용합니다. 하지만 우리는 정토에서 그 순환을 깰 수 있습니다. 정토에서 우리의 과보는 작용하지 않고, 나중에 해결될 때까지 '일시

정지'됩니다.

그것은 마치 외국으로 여행 가서 모든 채권자들에게서 벗어나는 것과 같습니다.

정토에서 수행을 시작하면 악업이 발현될 수 없을 것이고, 여기 우리 세계에서 받는 괴로움을 겪지 않고, 과거의 업을 해결할 기회를 갖게 될 것입니다.

이게 어떻게 가능할까요? 모두 아미타불과 아미타불이 정토에 조성한 더없이 행복한 환경 덕분입니다.

상상해 보세요. 정토에서는 모든 전생에 지었던 악업의 과보를 받지 않아도 될 것입니다. 많은 경우에, 정토에서 얻을 수 있는 행복과 떨어지지 않고도 업장을 점진적으로 해결할 수 있을 것입니다.

다른 경우에, 결국 이러한 업의 빚을 다른 사람들을 돕는 방법으로 사용할 수 있을 것입니다. 예를 들어 당신이 여동생에게 2,000달러를 빚졌지만 갚을 기회가 생기기 전에 죽었다고 합시다. 만약 당신이 정토에 태어난다면 그 빚을 가져갈 수 있습니다. 아마도 당신이 충분한 수행력을 갖추면, 아미타불께 여동생의 원금과 이자를 갚을 수 있도록 사바세계로 돌아갈 수 있게 해 달라고 허락을 구할 수도 있습니다. 아미타불과 함께 정토에서 수행한 후에, 여동생을 위해 어떤 좋은 일을 할 수 있을지 상상해 보세요.

업을 가지고 정토에 가는 것이 가능하다는 말을 들으면, 어떤 사람들은 종종 "그렇다면 나쁜 사람들이 왕생할 수 있나요?"라고 묻습니다.

솔직한 대답은, "예, 왕생할 수 있습니다. 그리고 나쁜 사람들이 많이 왕생했습니다."

비록 우리가 많은 잘못을 하고 무거운 업이 있더라도 믿음, 발원, 수행의 세 가지 요건을 충족하기만 하면 우리 모두 정토에 갈 수 있습니다. 이 세 가지 요건은 23~25장에서 다룰 것입니다.

나쁜 사람들을 정토에 가게 허락하는 것에 강하게 반대하며, 이것이 불공평하다고 생각하는 사람들이 있습니다.

표면적으로 이러한 반대는 이해할 수 있지만, 좀 더 자세히 살펴보면 왜 아미타불이 때로는 나쁜 사람들까지도 정토로 맞이하는지 알 수 있을 것입니다.

당신의 친척 중 한 명이 사형수로 수감 중이고 곧 처형될 것이라고 상상해 보세요. 비록 죄가 있고 나쁜 사람이라고 해도, 당신은 여전히 그가 정토에 도달해 이 더러운 우리 사바세계에서 견뎌야 했던 모든 고통을 뒤로하기를 바라지 않을까요? 그리고 그는 투옥과 처형을 통해 충분히 고통받고 사회에 진 빚을 갚지 않았나요?

더군다나 그가 항상 주장해온 것처럼, 그리고 당신이 믿는 대로, 그가 정말로 결백하다면 어떨까요? 그가 행복을 누리기 시작하고, 다시는 고통받지 않으며, 항상 자신의 삶에 의미가 있는 것이 공평하지 않을까요?

정말로 악한 자들이고, 파괴적인 행위를 하고도 처벌을 모면한 자들은 어떤가요? 그들도 정토에 자리를 잡을 자격이 있을까요?

그러나 우리가 뭔데 남을 판단하나요? '나쁘다'는 상대적인 말입니다. 당신은 한 사람을 악한 사람으로 여길 수도 있겠지만, 그의 어머니는 여전히 그에게서 약간의 선함을 볼 수 있다고 생각하지 않나요?

저는 이것이 아미타불이 느끼는 감정이라고 믿습니다.

우리와 달리 아미타불은 분별하지 않습니다. 사람에게서 악을 보지도 않고, 선을 보지도 않습니다. 아미타불은 우리 모두에게서 오직 미래의 부처만을 봅니다. 아미타불은 오직 우리의 진정한 잠재력을 개발하도록 돕고 싶을 뿐입니다.

또한 악한 사람이 정토에 가면, 그들은 바뀌고 선해질 것입니다. 그리고 착한 사람은 아미타불을 보게 되면 더욱 좋아질 것입니다.

남의 걱정을 하고 나쁜 사람을 정토로 받아들이는 아미타불의 지혜에 의문을 품기보다는 우리 자신의 왕생을 더 걱정해야 하지 않을까요? 사실 아미타불이 우리를 그의 정토로 받아들이기 전에 우리에게 완벽한 것을 요구하지 않는 것에 기뻐해야 하지 않을까요?

저의 제자 중 한 사람이 물었습니다. "만약 제가 나쁜 사람이라면, 그래도 정토에 갈 수 있나요?" 제가 대답했습니다. "계를 어겼다는 뜻이라면 예, 죽을 때 여전히 정토에 갈 기회를 가질 수 있습니다. 반복해서 계율을 어기더라도 왕생복이 충분하면 여전히 정토에 갈 수 있습니다. 하지만 나쁜 사람이 되는 것이 분명 왕생의 기회를 방해한다는 것도 기억해야 합니다. 계를 어기는 일이 잦을수록 서방정토 극락세계에 왕생하기가 더욱 어려워질 것입니다."

그러자 저의 제자는 어떻게 하면 왕생복을 지을 수 있는지 물었습니다.

저는 그녀에게 만약 정토에 왕생하기를 간절히 원한다면, 단지 바라는 생각만이 아니라 행동이 필요하다고 설명해 주었습니다. 그녀는 왕생을 위해 무언가를 할 필요가 있습니다. 저는 그녀에게 더욱 지극한 정성으로 염불하고, 좋은 절에 가서 더욱더 많은 왕생복을 지을 수 있도록 도움을 구함으로써 자신의 왕생에 투자하라고 조언했습니다.

결론적으로, 정토법은 과거의 업을 가지고 정토에 왕생할 수 있게 해준다는 점에서 미묘합니다. 거기서 우리는 업을 소멸하고 업의 빚을 갚는 훨씬 더 효과적인 방법을 배울 것입니다. 이것이 아미타불의 자비와 관용입니다. 아미타불은 우리를 평가하지 않고, 우리가 그의 나라에 왕생하기 위해 충분한 복을 쌓아야 한다는 것을 똑똑하게 안다면, 우리에게 기회를 줄 것입니다.

덧붙이면, 비록 우리가 아직 정토에 있지는 않지만, 아미타불을 본받아 덜 분별하고 더 많이 용서하는 법을 배우는 것은 우리

에게 해롭지 않습니다. 정토법에 기반한 대자비 정신이 바로 그
런 것입니다.

20

보험

지혜로운 사람은 재난으로부터 자신을 보호하기 위해 보험에 가입합니다. 보험은 중대한 손해가 일어날 경우에 대비해 보호를 제공하기 위해 설계되었습니다.

불교에서 탄생과 죽음의 순간은 우리 존재에게 위험한 시기입니다. 특히 우리가 지옥, 아귀, 축생의 삼악도에 떨어지면 죽음은 가장 큰 재앙이 될 수 있습니다. 의심의 여지없이 지옥은 우리가 갈 수 있는 최악의 장소입니다. 그리고 아귀 또는 축생이 되는 이들은 지독하게 불행해질 것입니다. 더 중요한 것은, 이러한 삼악도 중 어느 곳에 떨어지면 우리의 정신적 여정에 치명적인 방해가 될 것입니다.

이러한 악도에 떨어질 위험이 매우 현실적이라는 것을 인식한다면, 정토법문의 가치를 쉽게 알 수 있습니다. 사실 우리가 정토법문을 이해하고 올바르게 수행한다면, 이런 최악의 경우로부터 우리를 보호해 줄 보험과 같은 것이 될 수 있습니다.

조만간 지옥에서 벗어날 가능성은 사실상 전무하고, 그곳에서 감내해야 할 고통이 압도적으로 심하기 때문에 어떤 대가를 치르더라도 지옥은 피해야 한다는 것은 명백합니다.

지옥에 있는 것만큼 나쁘지는 않지만, 아귀 같은 존재는 상상할 수 없을 정도로 힘듭니다. 아귀는 수명이 매우 길고, 너무 비참해서 죽기를 바라지만 죽을 수 없습니다.

아귀는 마침내 업의 빚을 갚고 더 높은 세계로 올라가기 전에, 죽어도 대개는 여러 생 연속해서 다시 아귀로 태어납니다.

충분한 고통을 겪은 후에, 그들은 축생으로 태어날 수 있습니다. 아귀가 되거나 지옥에 가는 것보다 낫지만 축생이 되는 것도 바람직하지 않은 운명입니다.

그러므로 잘 아는 사람이 보험에 가입하듯이, 영리한 수행자는 불교 보험에 가입합니다.

이상적으로, 수행자는 윤회에 떨어질 위험에 직면했을 때, 금생뿐만 아니라 내생을 위한 보험에 가입해야 합니다.

그러면 어떻게 해야 할까요?

염불은 잠재적인 재난에 대비하는 최고의 보험입니다. 우리가 염불로 개발하는 삼매력을 자력구제自力救濟라고 합니다.

또한 우리가 아미타불을 염불할 때, 다른 이들의 도움도 받습니다. 아미타불의 48대원으로 인해 아미타불의 이름 자체에서 오는 불가사의한 이익을 얻습니다. 부처님의 이름을 부를 때마다, 그렇지 않으면 죽을 때 삼악도에 떨어지게 할 수 있는 무량한 과거의 죄들을 소멸할 수 있습니다. 그러므로 염불은 이번 생에 악처惡處로 떨어지는 것에 대비한 좋은 보험입니다.

그뿐만 아니라 염불삼매에 들 때까지 염불할 수 있다면 정토 왕생을 보장받을 것입니다. 비록 전혀 쉬운 일은 아니지만, 이는 미래 생에 대한 최고의 보호책입니다. 왜냐하면 우리를 윤회에서 영원히 벗어날 수 있게 해줄 것이기 때문입니다.

21

불퇴전

정토법문은 최고의 보험입니다. 왜일까요? 왜냐하면 정토에 도달하는 모든 사람이 즉시 불퇴전을 얻기 때문입니다.

불퇴전不退轉은 '물러서지 않다' 또는 '후퇴하지 않는다'고도 합니다. 불퇴전의 원리는 목표를 성취하는데 대단히 중요합니다. 모든 노력이 목표를 향해 나아가고 되돌아가지 않는다면, 끈기 있게 버티기만 하면 결국 성공할 것입니다.

정토에 도달하는 사람은 다시는 삼악도에 떨어질 걱정을 할 필요가 없을 것입니다. 왜냐하면 정토의 모든 사람이 아비발치 阿鞞跋致이기 때문입니다. 아비발치는 산스크리트어 아바이바르티카(Avaivartika)의 음역으로 더 이상 후퇴하지 않는 경지를 뜻합니다.

일반적으로 수행의 과정에는 기복이 많습니다. 새로운 수행자들은 처음에 그들이 이루어내는 빠른 진전에 흥분합니다. 그러나 거의 모든 이가 결국 퇴전을 겪게 될 것입니다.

예를 들어 저의 한 제자는 몇 년 동안 하루에 3시간씩 결가부좌로 앉을 수 있었습니다. 그녀는 70대에 이 놀라운 경지에 도달했지만, 이제는 겨우 30분밖에 앉지 못한다고 불평합니다. 이것은 퇴전입니다. 수행자가 한 걸음 전진하고 바로 두 걸음 후퇴하는 것은 드문 일이 아닙니다. 예토에서 수행의 본질이 그런 것입니다.

수행하는 동안 퇴전의 위험에 더해, 생사의 과정과 관련된 퇴전의 위험도 고려해야 합니다. 아라한이나 보살과 같은 높은 경지의 수행자들조차 생사를 거치면서 퇴전을 겪습니다.

아라한은 '주태지혼(住胎之昏: 태를 거치며 전생을 잊어버린다)'이 있고, 보살은 '격음지미(隔陰之迷: 중음을 거쳐 환생하면 미혹하게 된다)'가 있습니다. 선지식을 만나지 않고서는, 세세생생 후퇴하게 되며 보리심을 발하기란 매우 어렵습니다.

중요한 것은, 죽음의 시기에 퇴보하기가 매우 쉽습니다. 이는 성인에게도 해당하기 때문에 사망 시 퇴전의 위험이 보통 사람(범부凡夫)에게 얼마나 큰지 짐작할 수 있습니다. 만약 우리가 삼악도 중 어느 한 곳에 떨어진다면, 그곳에 갇혀서 여러 생 동안 수행할 수 없을 것입니다.

다행히도 정토법문은 우리가 죽음의 시기에 퇴전을 피하고, 삼악도에 떨어지지 않도록 보장하기 위해 특별히 고안되었습니다.

정토에 도달한 사람들은 결국 성불할 때까지 수행에 계속 진전할 것을 보장받습니다. 그들의 정신적 수행은 끊임없이 앞으로 나아가며, 결코 물러나지 않고, 결코 퇴전하지 않습니다.

네 가지 불퇴전이 있습니다.

1. 위불퇴位不退: 낮은 범부위凡夫位로 물러나지 않을 것입니다. 이는 범부와 성인이 함께 사는 정토로 왕생하면서 업을 가져갈 수 있기 때문입니다.
2. 행불퇴行不退: 법을 수행함에 퇴보하지 않을 것입니다. 아라한들과 벽지불들이 거주하는 정토에 태어나 다시는 범부의 미혹한 경계로 결코 후퇴하지 않을 것입니다. 아라한과 벽지불은 소승의 성인입니다.
3. 염불퇴念不退: 정념에서 물러나지 않습니다. 보살들이 거처하는 정토의 구역에 태어나서, 이승二乘이라고 하는 아라한과 벽지불의 경계로 결코 후퇴하지 않을 것입니다.
4. 구경불퇴究竟不退: 부처님의 이름을 단 한 번만 들으면 집중력이 있든 산란한 마음으로든, 믿든 안 믿든, 이해하든 아니든 간에 미래의 해탈을 위한 씨앗을 심습니다. 왜냐하면 부처님의 이름이 아뢰야식에 영원히 저장될 것이기 때문입니다. 아뢰야식은 모든 과거의 업을 담아두는 마음의 일부이며, 우리가 죽을 때 새로운 몸으로 다시 태어납니다. 모든 무명이 종식되면 구경불퇴를 증득할 수 있고, 부처를 위한 정토의 구역(상적광토常寂光土)에 태어날 것입니다.

불퇴전을 얻는 것은 서방정토 극락세계에 가는 주요 이익 중

하나입니다. 왜냐하면 성불로 가는 길에서 다시는 후퇴하지 않을 것이기 때문입니다.

22

미래에 투자하세요

부모는 자녀에게 좋은 삶을 제공하기 위해 자녀 교육에 투자합니다. 좋은 기업은 주주들의 부를 증대시키기 위해 자본과 인적 투자를 합니다. 지혜로운 사람은 자신과 사랑하는 사람들의 생활을 보장하기 위해 은퇴 계획에 투자합니다.

중요한 점은 구체적인 목표와 일정을 설정하는 것입니다. 단기 투자뿐만 아니라 장기 투자도 중요합니다.

이것은 불교의 수행에서도 중요합니다. 단기 목표를 설정하는 것은 이번 생을 가리키고, 장기 목표를 설정하는 것은 미래 생을 가리킵니다.

우리의 목적을 위해 우리는 정신적인 목표에 집중하고, 다른 비정신적인 목표는 각 분야의 전문가들에게 맡길 것입니다.

이 생에서 우리는 가능한 한 행복해지도록 노력해야 합니다. 행복은 마음의 상태입니다. 우리 대부분은 공동체에 살고 있기 때문에, 우리의 행복은 어느 정도 다른 사람들의 행복에 달려 있습니다. 예를 들어 우리 주변의 다른 사람들이 고통받고 있을 때 우리 자신의 행복을 누리기는 어렵습니다.

그러므로 만약 우리 주변의 다른 사람들을 더 행복하게 만드는 법을 배울 수 있다면, 우리는 더 행복해질 수 있습니다. 이것은 지혜가 필요합니다. 지혜는 기본적으로 우리의 성품에서 나오는 순수한 선善입니다.

우리가 이 지구에 짧게 머무는 것을 더 의미 있게 하기 위해서는, 사랑하는 사람과 가족에게 더 많은 친절과 자비로 대하는 법을 배우는 데 시간과 노력을 투자해야 하고, 그러고 나서 그 자비를 더 넓은 사회와 국가, 그리고 세계로 확장해야 합니다.

만약 우리가 가족, 사회, 국가가 나아지는데 투자하는 법을 배우면, 우리 주변 사람들이 더 좋고 행복해지며, 우리 또한 자연스럽게 더 행복해질 것입니다. 너그러운 사람은 이기적인 사람보다 더 진정한 행복을 누리고, 더 희망적인 미래를 가집니다.

지나친 방종으로, 그리고 물질적 부富를 획득하여 행복을 찾으려 하는 이들은 복을 낭비할 것입니다. 선업의 은행 계좌가 비게 되면, 죽을 때 악처에 떨어지기 쉬울 것입니다. 더욱이 부와 권력을 축적하면서 생기는 행복은 궁극적으로 만족감을 주지 못합니다. 그리고 제멋대로 행동하는 사람들은 남에게 해를 끼치는 대가로 그렇게 하는 경우가 많은데, 그러면 악처로 떨어질 확률만 높아집니다.

그러나 지혜로운 사람들은 이 생뿐만 아니라 미래 생의 행복을 위해 계획을 세울 것입니다. 그들은 남을 돕는 데서 오는 행복이 훨씬 더 진실하며, 또한 사후에 (위로) 올라가는 데 도움이 될 선업을 짓는다는 것을 알고 있습니다.

불행히도 대부분의 세상 사람들은 근시안적이고 미래 생을 위한 계획을 소홀히 하는 경향이 있습니다.

지혜로운 사람들은 가능한 한 빨리 생사의 수레바퀴에서 벗어나도록 도와줄 복을 짓는 데 투자합니다. 그들은 오직 천상에 도달하도록 도와주는 복보다는, 정토에 도달하고 수행의 진보를 도와주는 복을 짓습니다. 이 목적에 가장 좋은 복을 '무루복無漏福'이라고 하는데, 35장 '복의 화폐'에서 다룰 것입니다.

저에게 매우 똑똑한 제자가 있습니다. 그녀는 제가 설명하는 대부분을 한결같이 이해합니다. 그래서 어느 날, 그녀에게 투자에 대해 물었습니다. 그녀는 똑똑한 사람은 현재 삶에 75%를 투자하고, 다음 생에 25%를 투자해야 한다고 대답했습니다.

당신은 이것에 동의합니까?

지혜로운 사람들은 괴로움으로 가득하고 기껏해야 일시적인 이 생에 집착하기보다는 해탈을 얻기 위해 점점 더 많은 투자를 합니다.

게다가 정토에 왕생하는 사람들은 오직 행복만 누립니다. 그것은 우리가 이 삶에서 누리는 즉각적인 만족과 일시적인 행복보다 훨씬 더 가치가 있습니다.

극락정토 왕생을 위해 많은 투자를 주저해서는 안 되는 이유가 여기에 있습니다.

지금이 아니면 언제 할 건가요?

23

믿음: 정토의 첫 번째 자량

정토 수행은 세 가지 기본 요건에 기초하며 이를 세 가지 자량
資糧이라고 하는데, 믿음(信)·발원(願)·수행(行)이 그것입니다.

믿음(信)은 세 가지 자량 중 첫 번째입니다. 믿음이 없으면 정
토법문에 들어갈 수 없고, 아미타불의 서방정토에 왕생하겠다는
원을 세울 수 없습니다. 마찬가지로 믿음이 없으면 정토법문을
수행할 동기가 생기지 않을 것입니다.

불교는 볼 수도 없고 증명할 수도 없는 것에 대한 믿음이 모든
공덕의 어머니라고 가르칩니다. 따라서 믿음이 우선되어야 한다
고 합니다. 이것이 수행의 시작입니다.

공功은 볼 수 있는 것을 말합니다. 예를 들어 무료 급식소에서
자원봉사를 하거나 다른 자선활동을 하는 등 타인을 돕는 직접
적인 봉사활동과 같은 것입니다. 덕德은 남을 돕기 위해 남몰래
개인적인 희생을 하는 등 눈에 보이지 않거나 널리 알려지지 않
는 내면의 선함을 말합니다. 공덕을 닦으면 복을 증장시키는 데
도움이 될 것입니다.

믿음에는 몇 가지 측면이 있습니다. 우선, 우리 자신을 믿어야

합니다. 우리는 정토에 태어날 가치가 있습니다. 아직 깨닫지 않았지만 우리는 업을 가지고 서방정토 극락세계에 갈 수 있습니다. 그곳에 도착하면 과거의 업은 더 이상 문제를 일으킬 수 없고 안전하게 수행할 수 있습니다. 이는 끊임없이 온갖 장애와 방해에 직면하는 우리의 사바세계와는 다릅니다.

이 세상에서 수행을 결심한 사람들은 흔히 수많은 장애에 부딪힙니다. 예를 들어 더 많은 시간을 일해야 하는 승진을 해서, 주말에 사찰에서 수행할 시간이 줄어들 수도 있습니다.

더 깊은 차원에서, 우리는 사유하고 인식하고 관점을 형성하는 마음이 아닌, '참마음(진심眞心)'을 가지고 있다고 믿어야 합니다. 우리의 참마음은 시공을 초월하며, 지능의 범위를 넘어섭니다. 우리가 스스로 참마음을 볼 수 있을 때까지, 그것에 대한 믿음을 가져야 합니다.

서방정토 극락세계를 포함한 모든 세계가 그저 이 참마음의 드러냄이라는 것을 기억하세요. 극락세계는 법장 비구가 인지因地에서 보살도를 닦을 때 법장 비구의 마음에 의해 청정해졌습니다. 후에 법장 비구는 서방정토 극락세계의 교주 아미타불이 되었습니다.

다음으로, 단지 우리 자신만 믿는 것이 아니라 다른 사람도 믿어야 합니다. 참마음은 모든 사람에게 존재합니다. 하지만 우리는 아직 미혹합니다. 그래서 우리는 아직 참마음을 어떻게 써야 할지 모르는 것입니다. 그러므로 우리는 부처의 참마음을 믿어야 합니다. 중생과 부처는 모두 같은 성품을 가지고 있습니다. 우리는 동일체입니다. 부처를 믿는 것은 자신을 믿는 것입니다.

석가모니 부처님과 다른 모든 부처님이 정토법문을 칭찬할 때 진실을 말하고 있다는 것을 우리는 믿어야 합니다. 부처님들은 정말로 우리가 빨리 해탈을 얻도록 도와주려고 노력하고 있습니다.

다음으로, 인과因果를 믿으세요. 지금 정토법문을 만나기 위해 우리는 과거에 이미 선근을 심었음이 틀림없습니다. 염불이 왕생의 원인이라는 것을 확고하게 믿어야 합니다. 수많은 성인이 서방정토에 왕생한 것은 믿음, 발원, 수행의 세 가지 자량을 동력으로 삼았기 때문이고, 우리가 정토라는 안전한 곳으로 가려면 그들을 따라야만 한다는 것을 믿어야 합니다.

정토왕생은 정토법문을 수행한 결과 또는 결실입니다. 우리는 서방정토 극락세계를 깊이 믿어야 합니다. 염불삼매의 결과로 그곳에 진실로 왕생할 수 있습니다. 조사님들의 말씀처럼, 우리가 염불하면 확실히 정토에 왕생할 것입니다.

정토는 깨끗한 마음과 다르지 않습니다. 우리의 마음은 유해한 외부의 영향으로 깨끗하지 않기 때문에, 우리가 정토에 갈 수 있으면 우리의 진전을 방해하는 이러한 외부 조건에서 벗어날 것입니다. 그러면 우리 마음을 깨끗하게 하기가 훨씬 더 쉬울 것입니다.

다음으로 이理, 즉 원리를 믿으세요. 아미타 부처님의 원력에 의지하여 정토에 왕생하기가 더 쉽다는 것을 원리적으로 믿어야 합니다.

우리는 또한 사事, 즉 현현(참마음의 드러남)을 믿어야 합니다. 모든 부처님과 보살님이 말하는 것처럼 서방정토 극락세계는 정말로 존재합니다. 아미타불은 우리 사바세계의 중생과 큰 인연이 있습니다. 아미타불은 우리가 돌고 도는 윤회의 수레바퀴에서 벗어나기 쉽게 하기 위해 정토법문을 만들었습니다.

석가모니 부처님은 정토불교가 우리 시대의 법문이 되어 수없이 많은 중생을 도울 것이라고 예언했습니다. 우리는 모두 부처님의 말씀을 믿을 수 있습니다. 『아미타경』에 따르면, 시방의 무량한 부처님들이 아미타불을 칭찬하고 우리에게 극락왕생을 구하라고 합니다. 많은 대보살 중 가장 지혜로운 대지 문수사리보살 또한 서방정토 극락세계로의 왕생을 지지했습니다.

우리도 이러한 대보살들의 발자취를 따라 아미타불의 정토에 도달하는 것을 목표로 삼는 것이 좋을 것입니다.

24

발원: 정토의 두 번째 자량

믿음이 있으면, 다음으로 원을 세워야 합니다. 발원(願)은 정토 수행의 두 번째 자량資糧입니다.

왜일까요? 왜냐하면 발원은 우리를 사바세계의 괴로움에서 벗어나게 해주고, 서방정토 극락세계의 평화와 행복을 추구할 수 있게 해줄 것이기 때문입니다. 자신이 잘살고 있으며 정토가 필요 없다고 믿는 사람들은 이 짧은 삶이 덧없는 꿈에 불과하다는 것을 깨달아야 합니다. 우리가 사는 사바세계는 우리 마음의 더러움에 의해 만들어졌습니다. 이것이 바로 여기에 많은 불행과 고통이 있는 이유입니다. 이와는 대조적으로, 정토는 우리 마음의 깨끗함에 의해 만들어지고 장엄됩니다.

과거, 현재, 미래의 모든 보살은 부처가 되기 위해 사홍서원에 의지합니다. 사홍서원은 다음과 같습니다.

1. 고苦의 진리에 따라 가없는 중생을 건지오리다.
2. 집集의 진리에 따라 끝없는 번뇌를 끊으오리다.
3. 도道의 진리에 따라 한없는 법문을 배우오리다.

4. 멸滅의 진리에 따라 위없는 불도를 이루오리다.

원을 세우는 것은 우리가 자원을 조정하는 데 도움을 주기 때문에 중요합니다. 간절하게 원을 세울 때 씨앗이 아뢰야식에 심어지고 저장되어, 우리를 정토로 왕생하게 하는 연료 역할을 합니다. 특히 우리의 원은 불보살님들이 함께 와서 우리를 정토로 끌어당기는 손잡이를 만듭니다.

우리가 아직 여기 이 괴로움의 사바세계에 있다는 사실은 이전의 수행에 실패하여 아직도 윤회의 수레바퀴에 갇혀 있다는 것을 의미합니다. 우리의 서원은 충분히 원대하지도, 충분히 간절하지도 않았습니다. 지금 정토에 왕생하기를 발원하고자 하는 사람들은 다음과 같은 측면을 고려해야 합니다.

우리는 돌고 도는 윤회의 수레바퀴에서 영원히 벗어나겠다고 발원합니다. 이 끝없는 윤회에서 벗어날 수 없다면, 죽어서 몸을 바꿀 때 어디로 가는지에 대해 거의 통제하지 못한 채 계속해서 다시 태어나기를 거듭 되풀이할 것입니다. 우리의 좋은 씨앗이 성숙하면, 우리는 인간계와 천상계의 좋은 길(선도善道)을 따라갈 것입니다. 그러나 나쁜 씨앗이 활성화되면 우리는 결국 아수라, 축생, 아귀, 지옥의 악도惡道로 가게 될 것입니다. 법을 이해하는 사람들은 가능한 한 빨리 윤회에서 벗어나려고 노력할 것입니다. 우리는 현생에서나 내생에서 세속적인 복을 누리려 하지 않습니다.

146

18장에서 보았듯이 우리는 욕계, 색계, 무색계의 삼계에서 횡으로 벗어나기를 발원합니다. 천상이나 인간의 존경을 받으려 하지 말고, 부와 명예와 같은 세속적인 업보를 추구하지 마세요 (이러한 것들은 유루복有漏福이라고 하며 35장에서 더 자세히 다룰 것입니다).

모든 중생을 널리 구제하겠다고 발원하세요. 자기 자신만의 이익을 위해 계획하고, 이번 한 생의 행복과 이익만을 갈망하지 마세요.

하루빨리 정토에 태어나기를 발원하세요. 이 탁한 세상의 오욕과 기쁨을 탐하지 마세요. 왜냐하면 그것들은 우리를 침체시키고 실패하게 할 뿐이며, 공하고 무상하기 때문입니다.

잠재력을 실현하겠다고 발원하세요. 본래 우리는 모두 참된 성품을 구족하고 있습니다. 우리의 미혹으로 세상의 번뇌가 우리에게 장애를 주고 속박하게 했습니다. 이제 우리는 사람 몸을 받고, 불법을 만나고, 아미타불의 법문을 들었으니, 기뻐하며 아미타불을 가까이해서 법을 듣고 도를 깨닫겠다고 발심해야 합니다.

우리는 이 기회를 놓쳐서는 안 됩니다. 옛말에 이르기를, "부처는 마음속에 있는데 사람들은 계속해서 바깥에서 구한다. 진실에 미혹하고, 허망한 것을 좇아가고, 그래서 천재일우의 기회를 놓친다."라고 했습니다. 만약 이와 같이 관할 수 있다면, 평화롭고 안전하게 살 수 있는 곳을 찾겠다고 스스로 간절한 원을 세울 수 있습니다.

괴로움을 끝내고 행복을 얻겠다고 발원하세요. 괴로움과 행복은 정반대입니다. 사바세계에서 우리는 수많은 다른 종류의 괴로움에 억눌려 있습니다. 그에 반해서 극락정토에는 오직 행복만이 있을 뿐입니다. 우리 세계에서는 천상의 복이 영원하지 않습니다. 욕계천과 초선천, 이선천, 삼선천의 행복은 결국 끝이 날 것입니다. 이것이 부서짐의 괴로움, 괴고壞苦입니다. 사선의 삼매나 그다음의 네 가지 삼매 단계 중 어느 하나에 있을 때는 거친 괴로움과 행복에서 벗어나지만, 행온行蘊이라고 하는 미세한 형태의 괴로움을 겪습니다. 이 개념은 불교에 관한 더 깊이 있는 책을 참고하시기 바랍니다.

결과적으로, 천상의 복을 다 써버리면 낮은 세계로 떨어질 것입니다. 영가 대사께서 『증도가證道歌』에서 이르기를, "보시와 지계는 하늘에 나는 복이나, 마치 허공에 화살을 쏘는 것과 같도다. 세력이 다하면 화살은 다시 떨어지나니, 내생에 뜻과 같지 않은 과보를 부르리로다."라고 하셨습니다. 다음 이야기는 이 점을 더욱 잘 설명해 줄 것입니다.

한번은 도사 여동빈(여순양)이 황룡 선사를 찾아갔습니다. 여동빈은 먼저 종루 밑에 숨어서 선사의 경전 강의를 들었습니다. 황룡 선사가 알고는, 대중 속에 법을 훔치려는 자가 있다고 했습니다. 여동빈은 선사의 말을 듣자 즉시 나와서 말했습니다.

"나는 이미 장생불사의 법을 가지고 있는데, 왜 스님의 법을 훔치겠소?"

선사는 간단히 대답했습니다. "시체나 지키는 귀신이로구나."

여동빈은 불복해서 물었습니다. "좁쌀 한 알 속에 세계를 담고, 반 되짜리 솥 안에 산천을 삶으니, 이것이 어떤 경계입니까?"

선사가 대답했습니다. "설령 팔만 겁을 산다 해도 결국에는 헛된 죽음에 떨어질 것이다."

여동빈은 바로 깨달았습니다. 그는 도교를 버리고 불자가 되었습니다. 장생불사하는 이들은 장수나 천상의 삶이 괴로움에서 벗어나지 못한다는 것을 이해하지 못했습니다. 그러나 정토법문을 통해 우리는 괴로움에서 벗어나고 생사를 끝낼 수 있습니다.

퇴전하지 않겠다고 발원하세요. 서방정토 극락세계에 사는 존재들은 모두 아비발치입니다. 그들은 '불퇴전'의 경계를 얻었습니다. 반면에 이 사바세계에서는 중생이 무거운 죄를 짓고, 따라서 심각한 장애에 부딪힙니다. 여기서 수행하는 것은 상류로 배를 저어가는 것과 같습니다. 나아가기 어렵고 후퇴하기 쉽습니다. 대부분의 사람이 믿음과 수행을 지속하겠다는 확고하고 강한 서원이 부족하기 때문입니다. 앞에서 보았듯이, 백만 명 중 한 명도 수행에 성공하기 어렵습니다. 결의가 부족해서 일찍 그만두거나, 아니면 마장魔障 혹은 악한 친구들을 만나서 결국 그만둡니다.

일반적으로, 중요한 것을 성취하기 전에 삶은 끝이 납니다. 새로운 몸으로 태어나면 모든 것을 잊어버리고 다시 시작해야 합니다. 높은 근기와 올바른 지식이 없으면 이 탁한 세상에서 성공하기란 쉽지 않습니다. 이 경우에도 조건이 불리하면 이전에 수행한 것을 잃어버릴 수 있고, 조건이 유리하면 물질적인 것을 추구하는 경향이 있어서 여전히 장애에 부딪힐 수 있습니다.

이미 수행에 큰 발심을 한 십신보살十信菩薩*도 때로는 진보하고 때로는 퇴보할 것입니다. 허공에 떠다니는 깃털처럼, 십신十信을 닦는 보살들은 신심이 완성되고, 선근이 성숙하고, 일주一住**를 증득하기 위해서는 만 겁(일 겁은 약 1,600만 년)이 지나야 합니다. 이때 그들은 더 이상 퇴전하지 않을 것이라고 보장받을 수 있습니다.

불퇴전에 관해 21장에서 언급한 바와 같이, 이 단계를 지칭하는 불교용어는 위불퇴位不退입니다. 염불해서 서방정토 극락세계에 왕생하면 위位·행行·염念의 삼불퇴三不退를 즉시 증득할 수 있습니다.

연꽃에 화생化生하고 아미타불을 친견하겠다고 발원하세요. 그러면 이 삶이 헛되지 않을 것입니다. 『법화경(묘법연화경)』에서

---

* 　십신十信은 보살이 성불로 가는 길에 반드시 거쳐야 하는 수행의 단계입니다.

** 　보살은 십신十信을 거쳐, 보살 수행의 다음 단계인 십주十住를 성취해야 합니다.

는 "부처님께서 세상에 나타나시기가 마치 우담화가 꽃을 피우는 것처럼 희유하니라."라고 합니다. 우리는 부처님께서 열반에 드신 후, 말법시대에 태어났습니다. 그렇지만 이 인간 몸을 받을 만큼 충분한 복이 있고 정토법을 수행할 기회를 가졌습니다. 그러므로 기회를 잡아 보리심을 내고, 금련대金蓮臺에 태어나 아미타불을 친견하겠다고 발원해야 합니다.

25

수행: 정토의 세 번째 자량

정토법문의 세 번째이자 마지막 자량은 수행(行)입니다. 목표를 이루기 위해서는 행동을 취해야 합니다.

원력이 부족하면 수행으로 이어지지 않을 것입니다. 수행은 마치 물을 맑히는 구슬(청주淸珠)을 탁한 물에 던져 넣으면, 마법처럼 탁한 물이 맑아지는 것과 같습니다. 부처님의 명호가 산란한 마음에 들어가면, 산란한 마음은 부처님 마음이 됩니다. 수행은 진실한 마음을 증가시킬 수 있습니다.

그러나 염불 수행을 하면서도 아직 마음을 청정하게 하지 못한 사람들은 믿음이 부족하고, 발원이 간절하지 않고, 마음이 번뇌로 괴로우며, 세속적인 일에 집착하는 등 여러 가지 장애에 부딪힙니다. 장애를 극복하려면 바른 방법을 사용해야 하며, 이상적으로는 지혜로운 스승의 바른 지도를 받아야 합니다. 이것들을 찾을 수 있고, 끊임없이 계속해서 그만두지 않는다면 결국 수행에 성공할 것입니다.

가장 흔한 형태의 수행으로 '염불'이 있습니다.

'오직 십념'장에서 설명했듯이, 우리는 궁극적으로 염불삼매라고 하는 '일심불란'의 경지를 얻기 위해 염불 수행을 합니다. 그렇게 함으로써 이 생의 끝에서 왕생을 보장받을 수 있습니다.

그러나 정토 수행은 염불이라는 방법에 국한되지 않습니다. 정토법문에는 육도만행과 같은 다른 중요한 불교 수행도 포함되어 있습니다. 사실 다른 모든 형태의 대승 수행도 정토 수행에 속합니다. 예를 들어 다음과 같은 모든 수행이 정토왕생에 도움이 될 수 있습니다.

- 공양: 삼보에 공양 올리는 것은 복을 쌓는 좋은 방법입니다.
- 공덕 회향: 좋은 일을 한 후, 자신이 지은 선업을 모든 중생에게 나누어 주며 그들이 모두 아미타불의 극락세계에 왕생하기를 기원합니다.
- 참회법: 만약 참회하지 않으면, 무시이래 지어 온 죄로 인한 악업이 결국 우리를 압도할 것입니다. 『화엄경』 제40권에서 참회법에 대해 상세히 기술하고 있습니다.
- 절: 심신의 단련으로, 절은 참회법의 한 형태일 뿐 아니라 나를 낮추는 데도 도움이 됩니다.
- 지계: 계율을 지키고 남에게 해를 끼치지 않으면, 보호를 받고 다른 사람이 당신을 해치지 않을 것입니다.
- 독경: 『아미타경』은 정토 수행자들 사이에서 흔히 독송되지만, 실제로 어떤 대승 경전을 독송하든지 정토 수행의 일부입니다.

• 주력: 왕생주는 정토 수행에서 가장 흔히 쓰이지만, 경전과 마찬가지로 모든 대승 주문을 수지하는 것도 정토법문에 포함됩니다.

제6부에서 몇 가지 추가적인 수행 방법에 대해 설명할 것입니다. 그러나 이러한 모든 수행법을 상세히 기술하는 것은 이 책의 범위를 벗어난 것입니다. 대승에 많은 다른 법이 있다는 걸 여러분에게 알려드리려고 언급하는 것뿐입니다.

일단 기억해야 할 중요한 점은 염불에만 자신을 국한하고 다른 모든 수행법을 배제할 필요가 없다는 것입니다.

왕생하기 위해 이 모든 수행을 완벽하게 해야 한다는 말은 아닙니다. 하지만 만약 정토에 가기를 원한다면, 어떤 방식의 수행이든 하는 것이 매우 중요합니다.

마지막으로, 우리는 염불의 좀 더 높은 경계에 대해 논할 것입니다. 이러한 경계들은 대부분의 독자가 도달할 수 없을지도 모릅니다. 그런 경우에는, 이에 대해 너무 많이 생각하지 마세요. 대신에 열린 마음으로 읽기만 하면 미래에 싹을 틔울 씨앗을 심게 될 것입니다.

염불은 사지事持와 이지理持의 두 가지로 나눌 수 있습니다. 사事는 '현현, 나타남'을 의미하며, 우리가 시시각각 경험하는 사건들의 변화하는 세계를 말합니다. 반면 이理는 '원리'를 뜻합니다. 특히 이理는 법의 변하지 않는 참된 원리, 진리를 가리킵니다.

사지事持는 정토법을 듣고 의심 없이 깊은 신심을 내는 행위를 말합니다. 그러므로 앉고, 서고, 눕고, 걷고를 막론하고, 생각 생각에 일심으로 또렷하게 염불합니다. 부처님 명호 외에 다른 생각은 존재하지 않습니다. 부처님의 명호를 이렇게 지닐 수 있다면 모든 번뇌에서 벗어날 수 있습니다. 그러나 사지에서는 아직 이理를 통달하지 못했습니다.

사지事持를 수행할 때, 우리는 주체인 마음을 이용하여 객체인 부처님의 이름을 외웁니다. 능소能所, 주체와 객체가 분명하고 뚜렷합니다. 마음과 부처, 주체와 객체가 일치할 때, 마음은 부처에서 떨어지지 않고 부처는 마음에서 떨어지지 않습니다. 끊임없이 염불이 이어지는 것을 분명히 알아차립니다. 얼어붙은 호수가 물의 흐름을 멈추듯이, 오롯이 집중하는 마음은 허망함을 제거합니다. 그러면 부처는 마치 허공에서 빛나는 가을 달과 같이 맑고, 밝고, 움직이지 않습니다. 이리하여 우리는 삼매에 들 수 있습니다. 이 경지를 한산寒山의 시에서 다음과 같이 표현했습니다.

내 마음은 가을 달과 같고,
푸른 연못은 맑고 깨끗하구나.
무엇으로도 비할 바 없거니,
내게 어떻게 말하라 하는가!
오심사추월吾心似秋月, 벽담청교결碧潭淸皎潔.

무물감비륜無物堪比倫, 교아여하설敎我如何說.

사지를 성취한 후에 이지를 성취할 수 있습니다.

사지事持에서와 같이, 이지理持에서 우리는 우선 공에 들 때까지 최대한으로 염불합니다. 그러면 염불하는 마음 밖에 부처가 없다는 것을 이해할 수 있습니다. 그리고 부처 밖에 염불할 수 있는 마음이 없습니다. 마음과 부처는 하나이고, 동체입니다. 주체와 객체가 모두 사라지고, 나와 부처가 하나로 합쳐져 두 가지 상이 없습니다. 염불을 해도 염불하지 않는 것입니다. 반대로 염불하지 않아도 염불하는 것입니다. 그러므로 이理를 통달합니다.

이 단계에서는 유有와 공空의 양극단에 더 이상 미혹되지 않습니다. 이지理持에서 염불하는 마음은 유에 머물지도 않고 공에 떨어지지도 않습니다. 머물지만 머물지 않고, 이성理性의 중도에 머뭅니다. 그러면 자신의 불성을 볼 때까지 계속 염불할 수 있습니다.

옛사람이 이르길,

홀연히 아미타불 생각이 일어나네.
평평한 땅에 바람이 없는데 물결이 저절로 일어나는구나.
생각 생각이 사라져, 생각 생각이 없음으로 돌아가네.
생각 없음 또한 지나침을 어찌 알겠는가!
홀연기념념미타忽然起念念彌陀, 평지무풍자작파平地無風自作波.
염념소귀무념념念念消歸無念念, 기지무념역위다豈知無念亦爲多!

156

이 경계에 이르면, 본질이 공하고 이성理性이 스스로 드러납니다.

이성理性은 실상實相이라고도 합니다. 실상은 상이 없는 것(무상無相)입니다. 이는 양면적이지 않습니다. 안이나 바깥이나 중간이 없습니다. 과거, 현재, 미래가 없습니다. 검은색이나 흰색, 길거나 짧거나, 네모지거나 둥글거나 하는 것이 없고, 냄새나 촉감이나 맛이 없습니다. 그것을 찾아도 찾을 수 없습니다. 말로 표현할 수도 없습니다. 그것은 천 개의 세계를 창조할 수 있고, 한계를 헤아릴 수 없습니다. 그것은 모든 조건과 분별을 떠나고, 언어와 문자를 떠났지만, 언어와 문자가 그것과 다르지 않습니다. 그것은 고요하지만 움직일 수 있습니다. 고요함과 움직임은 양면이 아닙니다. 몸과 정토는 양면이 아닙니다.

상이 없다(무상無相). 이것을 진공眞空이라고 합니다. 그리고 상 아님도 없다. 이것을 묘유妙有라고 합니다. 실상의 다른 이름으로 진여眞如, 일진법계一眞法界, 여래장성如來藏性이 있습니다.

이러한 정토 수행의 더욱 높은 경지에 대한 설명은 우리의 『불설아미타경 해설』*에서 인용한 것입니다. 좀 더 자세한 내용은 이 책을 참고하시기 바랍니다. 이러한 경지에 대한 더 많은 내용은 낙계화駱季和의 법문집 『정토삼요술의淨土三要述義』에서도 찾

---

* 『불설아미타경 해설』은 www.chanpureland.org/publications에서 볼 수 있습니다.

아볼 수 있습니다.

이성적인 사고로 이런 서술을 이해하려고 해서는 안 됩니다. 이런 경지는 다만 마음에 씨앗을 심기 위해 언급되는 것으로, 독서나 지식 학습을 통해서가 아니라 자신의 경험을 통해 결국 체득하게 될 것입니다.

이런 염불 수준에 이르기까지는 시간이 좀 걸릴지 모르지만, 걱정하지 마세요. 때가 되면 당신의 수행이 드러날 것입니다. 이러한 경지에 이르기 위해 욕심을 부리면 진전에 방해가 될 뿐입니다.

지금은 기본을 익히는 데 집중하세요. 이 책의 제6부에서 수행할 수 있는 몇 가지 구체적인 방법을 제시할 것입니다. 그런 수행을 열심히 하면 할수록 더 많은 것을 이해할 수 있을 것입니다.

수행은 진정한 노력이 요구됩니다. 그리고 노력은 오직 깊은 믿음과 간절한 원을 따를 수 있을 뿐입니다.

다시 말하지만 믿음, 발원, 수행은 정토법문의 세 가지 자량입니다. 다리 하나하나가 다 서 있어야 제 기능을 할 수 있는 세 발 달린 청동 향로와 같습니다. 왕생을 진지하게 받아들이는 사람은 세 가지 자량을 모두 닦아야 합니다. 왜냐하면 세 가지 모두 수행에 없어서는 안 되기 때문입니다.

26

정토불교의 부흥

우리는 현재 자신과 후대의 이익을 위해 불교를 되살리고 튼튼하게 해야 하는 특별한 위치에 있습니다. 그리고 정토법은 이러한 노력에서 중요한 역할을 할 수 있습니다.

미국에서는 대승불교가 이제 막 뿌리를 내리기 시작했고, 정법은 아직 확고한 토대가 마련되지 않았습니다. 그리고 대부분의 아시아 불교 국가에서는 현대화와 서구적 가치관을 받아들이려는 흐름으로 인해 법法이 급격히 약화되었고, 부처님의 가르침을 왜곡하고 바른 교리에서 벗어나기 시작했습니다.

불교에서 현재의 말법시대는 5세기부터 15세기까지 유럽에서 있었던 암흑시대와 비교될 수 있습니다.

다행히도 선화 큰스님께서 가르쳐주신 대로 정법을 수행하는 사람들은 주위의 세상이 말법시대에 있어도, 정법시대에 머물러 있습니다. 만약 사람들에게 부처님의 가르침에 따라 살도록 장려할 수 있다면, 우리는 현시대의 파괴적인 잠재력을 완화할 수 있습니다. 선하고 도덕적인 삶을 영위하는 사람들이 많을수록 그들이 사는 지역이 번영하고 재난과 자연재해에서 벗어날 수 있을 것입니다.

'상근기'에서 '하근기'에 이르기까지 다양한 모든 근기의 사람들을 이롭게 하는 역량 덕분에, 정토법은 이 과정에 매우 중요할 것입니다. 따라서 중국 정토불교의 역사를 살펴보는 것이 지혜로울 것입니다.

중국 문화는 매우 심오합니다. 어느 정도는 수천 년 동안 불교의 영향을 많이 받았기 때문입니다. 예를 들어 불교 교리가 중국 언어와 문화의 구조로 짜인 고사성어와 이야기에 스며듭니다.

중국에서 가장 널리 퍼져 있는 불교 형태로서 정토종은 불교적 가치를 중국의 일상 문화로 통합하는 데 중대한 역할을 했습니다.

오늘날 중국은 전 세계에 상품을 공급하는 제조 및 수출 강국으로 알려져 있습니다. 덜 알려졌지만 훨씬 더 중요한 것은, 중국인들이 정토불교를 아시아 전역으로 전하고 대중화시켰다는 것입니다. 정토불교는 아시아에서 계속해서 널리 수행되고 있습니다.

석가모니 부처님께서는 생전에 정토법을 가르쳤습니다. 인도에서 법을 가르치실 때, 부처님은 『아미타경』을 설했습니다. 『아미타경』은 산스크리트어 대장경 원전에 기록되어 있습니다. 그러나 정토법은 널리 행해지지 않았고, 중국에 전해지고 나서 진晉나라의 혜원慧遠 대사(A.D. 334~416)가 중국 정토종을 정식으로 설립하였습니다.

정토법을 현재 상황에 가장 잘 녹아들게 하는 방법을 고려할 때, 혜원 대사의 예를 살펴보는 게 도움이 될 수 있습니다. 혜원 대사는 아주 평범한 집안 출신입니다. 학문에 매우 열심이었고, 학식이 풍부하고 유교 경전에 정통했습니다. 어느 날, 그는 도안道安 대사가 『반야경』을 설하는 것을 듣고 홀연히 깨달았습니다. 그리고 바로 출가했습니다.

경외심을 불러일으키는 대사의 위의威儀는 그와 만난 사람들을 종종 말문이 막히고 쩔쩔매게 만들곤 했습니다. 곧 승려로서의 덕행, '도덕'이 전국에 널리 알려지게 되었습니다.

서기 382년, 혜원 대사는 운수행각하며 여산廬山에 이르러 주인이 없는 넓은 땅을 보았습니다. 그는 휴식을 취했습니다. 그날 밤 꿈에 산신이 나타났고, 그와 동시에 천둥이 치고 비가 억수같이 쏟아지기 시작했습니다. 그 지역에 극심한 가뭄이 들었기 때문에 이는 이례적인 일이었습니다. 게다가 평소에는 땅이 바싹 마르고 메말라 있었습니다. 그러나 혜원 대사가 지팡이로 땅을 탁 치자 물이 흘러나왔습니다. 이후 혜원 대사가 한 연못가에 단을 세우고 『해룡왕경海龍王經』을 독송했습니다. 연못에서 거대한 용 한 마리가 올라오더니 다시 큰비가 쏟아졌습니다. 이런 일들과 다른 이적들은 혜원 대사를 여산에 머물며 수행하도록 했습니다.

그 지방의 자사刺史가 이러한 감응感應에 대해 듣고 혜원 대사를 믿게 되었습니다. 결국 자사는 법당까지 지어 주고, 신운전神

運殿이라 이름을 지었습니다. 그곳에서 혜원 대사는 수행하고 다른 이들을 지도할 수 있었습니다.

혜원 대사는 서방정토 극락세계로의 왕생을 염원했습니다. 대사는 연꽃 모양의 해시계를 만들고 끊임없이 염불했습니다. 이윽고 혜원 대사는 연사蓮社라는 수행 결사를 조직했습니다. 그들은 함께 여산에서 생활하고 수행했고, 염불에 전념했습니다. 많은 고승, 관료, 유명한 학자들이 대사와 함께 수행하기 위해 여산에 왔습니다. 모두 140여 명이 정토 수행에 매진했습니다.

혜원 대사는 여산에서 30여 년 동안 지도했으며 결코 이곳을 떠나지 않았습니다. 집으로 돌아가는 손님들을 배웅할 때도 결코 산을 떠나지 않았습니다.

연사의 모든 수행자가 많은 감응을 받았습니다. 여기서 '감응'은 소원이 성취되면서 기도에 응답이 있는 것을 말합니다. 예를 들어 혜원 대사는 아미타불을 친견한 적이 한 번 있습니다. 아미타불 옆에 관세음과 대세지 두 대보살이 있고, 대중이 함께 있었습니다. 그분들의 몸이 허공을 가득 채웠습니다. 대사는 14줄기의 미묘한 빛이 왔다 갔다 흐르는 것을 보았습니다. 그는 빛이 법을 설하는 것을 경험했습니다. 아미타 부처님께서는 그때 대사의 과거 서원으로 인해 대사가 서방정토 극락세계에 왕생할 것이라고 말씀하셨습니다. 대사가 본 광경에 나타난 대중 가운데는 이미 정토에 간 연사의 과거 수행자들도 있었습니다.

대사는 황홀했습니다! 제자들에게 이 소식을 알렸고 관세음보살, 대세지보살과 함께 있는 아미타불을 친견했다고 했습니다. 사실 대사는 제자들에게 이전에 세 번 서방 삼성三聖을 친견했다고 말했습니다. 불보살님들이 대사에게 몸을 나투신 것은 이번이 네 번째였습니다.

아미타 부처님의 예언대로, 얼마 지나지 않아 A.D. 417년에 대사는 좌선을 한 채 세상을 떠났습니다. 향년 83세였습니다. 혜원 대사는 정토종의 초대 조사로 추대되었습니다.

연사蓮社의 모든 수행자가 다 서방정토 극락세계에 갔다고 합니다.

폭넓은 매력과 많은 이점으로 인해 오늘날 정토불교는 특히 중국, 한국, 일본 등 아시아의 많은 지역에서 가장 대중적인 형태의 불교 수행이 되었습니다. 이러한 인기는 수행자들이 겪은 많은 감응을 기록한 글로 어느 정도 설명될 수 있습니다. 이 기록들은 돌아가신 분들이 다양한 현상을 통해 그들이 정토에 왕생한 것을 드러내 보이는 이야기들을 기재하고 있습니다. 다른 종교에서와 마찬가지로, 사람들이 믿음을 가지는 것은 자신들 또는 아는 사람들이 그러한 감응을 받았기 때문입니다. 오늘날 많은 정토 수행자들이 계속 서방극락정토로 왕생하고 있는데, 아마도 아미타 부처님께서 미혹한 우리를 포기하지 않았기 때문일 것입니다.

중국이 전한 이 미묘한 정토법문을 더 잘 이해하면, 더 많은 중생이 정토법문으로부터 이익을 얻을 수 있을 것입니다. 오늘날 많은 경우에, 정토불교에 대한 믿음은 명확한 지식보다는 전통과 문화에 더 많이 의존합니다. 그러나 불교는 맹신이나 미신이 아니라 지혜에 관한 것입니다. 많은 불교 신자들이 여전히 정토불교를 믿지만, 스님들 가운데 더 이상 정토불교의 교리와 수행에 대해 잘 이해하지 못하는 분들이 꽤 있습니다. 정토법문을 이해하기 위해서는 수행자들이 정진하고 염불삼매(집중력)를 강화해야 합니다.

승려, 즉 출가자는 염불 수행을 완벽하게 하고 삼매를 강화하는 것을 자신의 책임으로 삼아서, 다음 세대를 양성하기 위해 불교 수행센터를 세울 수 있도록 수행력을 높여야 합니다. 이러한 수행센터들은 또한 배우고자 하는 모든 이에게 정법의 교리를 접하도록 해줄 수 있을 것입니다.

혜원 대사의 뒤를 이어 우리도 수행 단체를 설립해, 혜원 대사의 연사처럼 사람들을 서방정토 극락세계로 보내는 데 매진해야 합니다.

만약 우리가 이러한 염원을 성취할 수 있다면, 진정으로 정토불교 부흥의 길로 나아갈 것입니다.

제4부 정토, 천상, 지옥

27

정토불교와 다른 종교

천상과 지옥에 대한 믿음은 많은 종교 전통에서 발견되는 공통된 맥락이므로, 이 장에서는 불교와 다른 종교에 대해 비교해 보겠습니다.

이 세상의 각기 다른 문화들은 매우 가치 있는 많은 훌륭한 종교적 실천과 신앙을 가지고 있습니다. 만약 더 많은 사람이 진정으로 이 종교들의 가르침에 따라 산다면, 이 세상은 훨씬 더 나을 것입니다.

기독교가 서구 문화에서 중심적인 역할을 하므로, 이번 장에서는 정토불교와 기독교에 대해 몇 가지 일반적인 비교를 해보겠습니다. 여기서 고려되는 몇몇 사항들은 다른 종교에도 적용될 수 있습니다. 기독교는 한 예로 언급될 뿐입니다. 왜냐하면 기독교가 현재 전 세계에 영향을 미치고 있는 서구 문화의 중심이 되어 왔기 때문입니다.

그러나 여기가 기독교와 불교를 자세하게 비교하는 곳은 아닙니다. 이런 논의가 이 책에서는 너무 복잡하고, 어느 한 종교의 실천에도 도움이 되지 않습니다.

또한 기독교의 천상(천국)과 정토를 비교하지 않을 것입니다. 기독교 내에서도 천국에 대한 단 하나의 통용되는 개념이 없습니다. 불교 문헌은 기독교보다 천상에 대해 더 구체적으로 서술합니다(다음 장을 참고하세요). 그러나 우리는 이러한 서술과 천상에 대한 독자의 개인적인 이해를 비교하는 것을 독자에게 맡길 것입니다.

기독교와 불교 모두 우리 대부분이 인간의 문제를 진정으로 해결할 능력이 없다는 것을 인정합니다. 불교에서는 가장 중요한 문제로 괴로움에 관해 자세히 설명하는 반면, 기독교의 가르침은 일반적으로 죄의 측면에서 표현됩니다. 그러나 분명한 공통의 교리는 우리가 나아지기를 바란다면 선함(善)을 길러야 한다는 것입니다.

불교는 우리가 괴로움을 극복하고 자성을 볼 수 있는 상세한 수행의 길을 설명합니다. 그러나 이 길은 확실히 매우 어려워서 걸어갈 수 있는 사람이 거의 없고, 누구도 단 한 번의 생에 완주할 수 없습니다. 그래서 기독교와 마찬가지로 정토불교는 그 과정에서 도움을 구하는 이익에 대해 가르쳐줍니다.

기독교의 하나님과 예수 그리스도를 믿는 사람들은 기독교인들이 정의한 구원을 찾을 수 있습니다. 그들의 길을 가며, 예수와 하나님 그리고 성도들에게 기도를 통해 도움을 구할 수 있습니다. 마찬가지로 불교와 인연 있는 사람들은 아미타불에게서 수행의 도움을 받을 수 있습니다.

정토의 가르침에서 이런 도움을 '타력'이라고 하며, '자력'과 대비됩니다.

수행은 배를 젓는 것과 같습니다. 노를 젓는 데 우리의 노력을 들일 뿐만 아니라, 돛을 세워 바람의 힘을 이용할 때 더 빠른 진전을 이룰 수 있습니다. 정토법문에서는 드넓은 괴로움의 바다를 건너 열반의 피안에 이르면서 자력과 타력이 함께 작용합니다.

불교 교리와 수행법을 배우고자 하는 사람은 종교적인 배경과 상관없이 누구나 그렇게 하는 것을 환영합니다. 다른 신앙을 가진 사람들이 불교 교리를 배우는 것을 환영하며, 모든 신앙에 기반을 둔 전통에 회의적일 수 있는 사람들조차도 집중력을 개발하고 더 행복한 삶을 살기 위해 수행 방법을 배우려고 불교를 공부하는 경우가 많습니다.

이 책은 대승불교의 관점에서 쓰인 것임이 이미 분명해졌을 것입니다. 결코 편파적이지 않은 설명은 아니지만, 불교의 장점을 개괄적으로 설명하여 독자가 어떤 수행이 자신에게 가장 좋은지를 스스로 가장 잘 결정할 수 있도록 할 것입니다.

그렇기는 하지만 불교에 따르면, 어떤 종교든 모든 천상은 정토와 근본적인 차이가 있습니다. 즉 천상은 윤회에서 영원히 벗어나게 하지 못합니다. 하지만 정토는 바로 윤회에서 벗어나도록 돕기 위해 건설된 것입니다.

그러므로 괴로움을 끝내고 깨달음을 추구하고자 하는 이들에게는 정토가 가장 가기 좋은 곳입니다.

또한 서방정토 극락세계에 도달하는 이들은 법계 전역을 자유롭게 여행할 수 있다는 것을 기억하세요. 아미타불의 위신력에 의지해 원하는 대로 오고 갈 수 있습니다. 사실, 이것은 정토가 더 좋은 점 중 하나입니다. 당신이 그곳에 간다면, 직접 둘러보고 경험할 수 있습니다. 아미타불은 정토의 모든 이와 위신력을 공유하기 때문에 당신은 우주 어디든 즉시 여행할 수 있습니다. 그리고 정토에 있는 게 마음에 들지 않으면 언제든지 떠날 수 있습니다. 이보다 더 좋은 환급 보장은 없습니다!

이것은 우리가 나누고자 하는 중요한 불교의 지혜이지만, 천상에 가기를 열망하는 사람들을 저지하려는 것은 아닙니다. 선을 행하는 사람은 누구나 올바른 방향으로 나아가고 있습니다.

부처님들과 보살님들은 모든 중생을 제도하기를 바라고 기독교인, 이슬람교도, 불교도 등을 분별하지 않는다는 것을 알아야 합니다.

이것들은 단지 인간의 표식일 뿐입니다.

부처님들과 보살님들은 모든 사람을 돕기 위해 최선을 다할 것입니다.

28

천상과 정토

업의 법칙에 따르면, 좋은 일을 하면 좋은 결과를 받을 것입니다. 선을 행하는 이는 자신을 위해 복을 지을 것입니다.

우리 세계에서 복은 기쁨과 행복으로 나타날 수 있습니다. 올바른 복이 있는 사람들은 사후에 천상에 태어날 수 있습니다. 그리고 정토에 도달하는 데 필요한 복은 천상에 도달하는 데 필요한 복보다 훨씬 더 많습니다.

천상에 태어난 이들과 정토로 간 이들은 모두 매우 행복한 상태를 누리지만, 천상의 보상은 영구적이지 않습니다. 천상의 존재들은 믿을 수 없을 정도로 긴 수명을 가지고 있습니다. 그러나 결국 그들 역시 죽을 것이고, 낮은 세계로 떨어져 계속 윤회할 것입니다.

오직 정토에서만이 윤회를 영원히 종식시킬 수 있을 것입니다. 정토의 존재들 또한 한정된 수명을 가지고 있지만, 그들 각자는 수명이 다하기 전에 부처가 됨으로써 진상(眞常: 진실로 항상함)을 증득할 것입니다.

반면에 천상에서 태어난 이들은 진상眞常과는 거리가 멉니다.

불교에 따르면, 부처님은 모든 천상을 포함한 우주 전체의 구조를 볼 수 있었습니다. 영적인 눈(영안, 제3의 눈)이 열린 다른 사람들도 비록 시야가 부처님만큼 완전하지는 않지만, 다음과 같은 천상에 대한 많은 서술을 확인할 수 있을 것입니다.

불교에서 '불국토' 또는 단순히 '세계'라고 하는 각각의 은하는 다음과 같은 삼계로 구성되어 있습니다.

1. 욕계欲界
2. 색계色界
3. 무색계無色界

과학자들이 우리 은하라고 하는 우리 사바세계도 이와 같은 구조로 되어 있습니다.

부처님의 가르침에 따르면, 우리가 사는 속세, 즉 인간의 세계는 욕계에 위치합니다. 인간 세계 위에는 인간 세계와 함께 욕계에 존재하는 여섯 개의 천상이 있습니다. 다른 천상들은 색계와 무색계에 위치합니다. 색계와 무색계는 전부 천상으로 이루어져 있습니다.

이름에서 알 수 있듯이, 욕계의 존재들은 욕망에 빠져드는 것을 좋아합니다. 일반적으로 다섯 가지 감각적 욕망이 있습니다.

1. 성욕: 이는 인류에게 가장 강력한 동력입니다. 우리는 이 욕

망을 충족시키기 위해 산을 옮기고 바다를 메울 준비가 되어 있습니다.

2. 식욕: 우리는 먹는 것을 즐기지만, 불교에 따르면 먹는 것은 사실 병의 한 형태입니다. 음식은 우리 몸을 위한 약으로 여겨집니다. 이것은 매우 좋은 약입니다.*

3. 수면욕: 특히 성관계나 과식과 같이 에너지를 소모한 후에, 우리 몸은 정기적으로 수리를 위해 문을 닫아야 합니다.

4. 명예욕: 우리 자아는 끊임없이 인정과 칭찬을 받고 싶어 합니다.

5. 재물욕: 우리는 부가 가져다주는 안정감, 권력감, 성취감을 갈망합니다.

인간의 노력 대부분은 외부를 좇아 욕망을 충족시키기 위한 것입니다. 욕망이 충족되면 우리는 일시적으로 행복을 느낍니다. 그렇지 못하면 우리는 비참해합니다. 그 결과 우리 존재는 걱정으로 가득 차 있습니다.

경전에서는 욕계의 육욕천六欲天이 우리 인간 세계 위에 있다

---

* 어떤 사람들에게는 이것이 음식을 바라보는 생소한 방법일 수도 있지만, 이렇게 생각해 보세요. 우리 몸은 끊임없이 쇠퇴하고 있고, 지속적인 수리를 위한 연료가 없다면 우리는 기능할 수 없을 것입니다. 우리는 이 의존에 너무나 익숙해서 당연한 것으로 여기지만, 사실 이것은 우리가 모두 겪어야 하는 일종의 병입니다.

고 서술합니다. 이러한 욕계의 천상과 색계, 무색계에 위치한 천상에 사는 존재들은 모두 불교에서 신으로 일컬어집니다.

욕계의 신들은 여전히 식욕, 성욕, 수면욕의 욕망이 있습니다. 그들은 인간계에서와 마찬가지로 결혼을 하며, 다만 천상이 인간계보다 훨씬 더 즐겁습니다.

욕계 위는 색계입니다. 색계에 거주하는 모든 신은 삼매력이 있고, 따라서 성욕, 수면욕, 식욕의 욕망에서 벗어납니다. 그러나 이러한 욕망을 완전히 뿌리 뽑지 못했습니다. 오히려 이런 욕망이 그저 잠재되어 있습니다. 색계의 신들은 아주 세련된 그들의 색신色身에 매우 집착합니다.

그러나 무색계의 신들은 색신에 대한 집착에서 벗어납니다. 예를 들어 비슈누, 시바와 같은 다양한 힌두교의 신들이 무색계에 존재합니다.

신들은 천상의 복을 누리기 위해 태어납니다. 신은 우리 인간의 상태보다 훨씬 더 미묘한 존재입니다. 세계가 높을수록 더 많은 즐거움을 누릴 수 있습니다. 이런 즐거움은 여기 욕계에서 우리가 가질 수 있는 감각적 즐거움을 훨씬 능가합니다. 명상 수행자와 영적인 눈을 뜬 사람들도 이러한 세계를 경험할 수 있습니다.

인간은 생계를 꾸려나가야 하지만, 욕계의 신들은 전혀 일을 할 필요가 없습니다. 그들은 가족과 함께 궁전에서 삽니다.

모든 욕계에 있는 신들의 몸에는 질병이 없습니다. 사실 그들은 전혀 목욕하거나 옷을 빨지 않아도 됩니다.

어떻게 이런 존재가 가능한가요? 이 질문은 되돌려서 물어볼 수 있습니다. 왜 이런 존재가 불가능하다고 여기나요?

열심히 일하고 돈을 모으는 사람은 우리 인간계에서 왕처럼 살 수 있습니다. 여기에 관련된 원리는 같습니다. 만약 충분히 저축한다면, 그러한 생활방식을 감당할 수 있을 것입니다. 이것은 다 인과입니다. 예를 들어 기독교인의 자선 행위는 많은 기독교인이 그들의 신, 하나님에게 더 가까워지기 위해 욕계 천상으로 갈 수 있는 주요 원인 중 하나입니다. 그들은 매우 지혜롭고, 바른 원인을 심으면 원하는 결과를 성취할 수 있다는 것을 알고 있습니다.

그러나 다른 어떤 것과 마찬가지로 그런 존재도 영원히 지속되는 것은 아닙니다. 기억하세요. 인과법칙에 따르면, 모든 좋은 삶은 과거에 지은 복의 결과입니다. 복을 다 쓰면 가난해집니다. 결국 신들도 윤회로 돌아가 다른 몸으로 바꾸고 다른 세계로 가야 합니다. 앞 장에서 언급한 바와 같이, 불교는 어느 종교에서나 모든 천상이 다 이러하다고 가르칩니다.

물론 불자들은 천상에 가서 좋은 삶을 누리는 것을 마다하지 않습니다. 그러나 지혜로운 불자는 정토에 가는 것을 더 좋아합니다.

천상과 비교해 정토의 장점은 천상의 존재들이 즐거움이나 행복에 집착해 괴로움에서 벗어나지 못하는 반면, 정토의 존재들은 모든 괴로움을 끝내고 성불할 때까지 수행하리라는 것입니다.

예를 들어 욕계 천상에 있는 동안 신들이 누리는 모든 불가사의는 결국 무너질 것입니다. 비록 매우 긴 수명을 가지고 있지만, 때가 되면 신들도 죽어야 할 것입니다. 신들이 죽으려고 할 때 땀을 흘리기 시작하고, 생애 처음으로 안 좋은 냄새가 납니다. 평생 상상할 수 없는 행복을 누린 후, 결국에는 여전히 괴로움을 겪어야 한다는 사실이 그들을 비참하게 만듭니다.

정토의 존재들은 천상의 복을 비슷하게 누립니다. 그들은 일할 필요가 없습니다. 천상의 음식을 먹고, 천상의 연못에서 수영하고, 천상의 궁전에서 삽니다. 사실 정토의 모든 것은 천상보다 훨씬 더 세련되었습니다.

정토에도 다양한 사회적 지위가 존재합니다. 예를 들어 서방 정토 극락세계에는 왕생의 아홉 등급, 구품 왕생이 있습니다. 더 많은 복이 있는 사람들은 더 높은 품위로 태어나 더 큰 즐거움을 누립니다. 더 자세한 내용은 정토 경전을 참고하세요.

정토의 존재들은 미혹보다, 그리고 외부의 즐거움과 만족을 헛되이 추구하기보다 수행을 선택합니다. 결과적으로 그들은 모두 더 행복합니다.

앞서 언급했듯이 즐거움과 행복은 지어서 받는 것입니다. 그래서 불교 경전에서는 정토에 왕생한 이들을 '커다란 선근과 복덕의 인연이 있는 선남자 선여인'이라고 합니다. 그들은 천국에 가는 것보다 훨씬 더 많은 복을 쌓았습니다.

물론 이 세상의 많은 사람은 기독교나 다른 종교와 인연이 있으며, 그들의 목표는 천상에 가는 것입니다. 그러나 대승불교의 관점은 이러한 선택의 영속성이 없음을 보여줍니다. 그리고 이것은 선택입니다. 돌고 도는 윤회의 수레바퀴를 영원히 멈추고 싶은가요?

만약 "예."라고 대답한다면, 이번 생에 정토로 왕생하기 위해 노력하는 것이 목표가 되어야 합니다.

정토에 태어나기는커녕 정토에 대해 들을 수 있는 특권과 복이 있는 사람은 극히 드뭅니다. 이에 대해 아는 사람들은 이보다 덜한 것에 안주할 필요가 없습니다.

29

증오하는 자들을 기다리는 지옥

많은 사람이 지옥을 믿지 않습니다. 여기서 우리는 그들과 논쟁하거나 지옥이 존재한다는 것을 증명하려 하지 않을 것입니다. 대신 우리는 이 중요한 불교 가르침의 몇 가지 다른 면을 살펴보고, 우리보다 더 지혜로운 사람들에 의해 불교 경전을 통해 우리에게 전해진 지옥에 대한 몇 가지 묘사를 공유할 것입니다.

지옥은 마음 상태와 몸 상태에 다 존재합니다.

우선 지옥은 마음의 상태입니다. 남에게 학대를 받아서든, 아니면 우울증처럼 자신의 내적 상태 때문이든 정신적인 고문을 겪을 때, 우리는 너무나 많은 괴로움을 느껴 죽고 싶을지도 모릅니다. 이런 극심한 고통을 끝내기 위해 많은 사람이 스스로 목숨을 끊는 것은 놀랄 일이 아닙니다.

그런 자살에 대한 생각은 아무리 짧은 시간이라도 우리 뇌리를 스쳤을 것입니다. 괴로움을 견딜 수 없을 때, 사람은 자연히 그것이 끝나기를 원합니다. 우리 중 많은 이들이 이 과격한 자기 파괴의 해결책을 고려할 정도로, 살면서 적어도 한 번은 이런 극단적인 감정을 겪습니다.

우리 대부분은 마음의 고통이 무엇을 수반하는지 이해하기 때문에, 애정이 없는 행동, 정직하지 않음, 잔인함, 이기심을 통해 다른 사람들에게 같은 고통을 가하지 않도록 노력해야 합니다.

마음의 고통 외에도, 우리는 지구상에서 육체적 지옥을 경험할 수 있습니다. 전쟁, 극도의 빈곤, 만성적인 육체 통증, 심각한 질병, 범죄, 잘못된 결혼과 다른 건강하지 못한 관계 등을 견뎌내야 할지도 모릅니다.

감옥에서 사는 것은 지옥에 비유될 수 있습니다. 왜냐하면 거기에는 빛, 기본적인 물질적인 편안함, 안전, 개인적인 권리가 부족할 수 있기 때문입니다. 상습범 교도소에 수감됐던 한 고액 연봉 엔지니어는 감방의 혹독한 추위와 동료 수감자들에게 학대를 당할 수 있다는 끊임없는 위협에 '길들여졌다'고 후에 보고했습니다. 이전에는 고개를 높이 쳐들고 다녔지만, 이제는 다른 죄수들을 보지 않으려고 눈을 내리깔고 걸을 것입니다.

분명히 지구에는 지옥이 있습니다. 지옥이 또한 별도의 공간으로 존재한다는 것은 놀랄 일이 아닙니다. 불교에 따르면, 지옥은 물리적으로 지하에 위치합니다.

지옥은 『지장경』에 잘 기록되어 있습니다. 기본적으로 지옥은 무거운 죄로 심한 고문을 받아야 하는 사람들을 위해 있습니다. 그들은 다른 사람들에게 극심한 고통을 준 것에 대해 극심한 고통을 겪어야 합니다. 인과의 법칙이 그렇습니다. 고통을 견디는 것은 과거의 악업을 소멸하는 한 방법입니다.

우리는 이제 불교 경전에 나오는 지옥에 대한 몇 가지 설명을 공유할 것입니다. 이 세부적인 내용은 축생, 아귀, 지옥의 삼악도 조차 존재하지 않는 정토와 극명한 대조를 이루기 위해 포함했습니다.

왜 그럴까요? 왜냐하면 정토에서는 아무도 죄를 짓지 않기 때문입니다. 그래서 지옥이 생기지 않습니다. 이것은 우리 사바세계에 비해 엄청난 장점으로, 사바세계에서는 우리가 나중에 여러 겁 동안 심한 과보를 받을 수 있는 죄를 짓기가 매우 쉽습니다.

지옥은 어둡습니다. 한 줄기 햇빛이나 달빛도 어둠을 뚫고 들어가지 못합니다. 이런 끔찍한 곳을 빠져나가려면 죄인들은 그들의 복에 의지해야 합니다. 가족과 친구들이 그들의 어려움을 알아차리고, 그들을 대신해 복을 짓는 공양을 하기를 바랍니다. 그렇지 않으면 과보가 다할 때까지 그들은 계속 고통의 상태에 있게 될 것입니다.

인간계에서 고문은 일반적으로 금지되어 있습니다. 감옥이나 강제 수용소와 같은 '생지옥'에서도 그렇습니다. 하지만 고문을 당하는 것은 지하의 지옥에서 삶의 형태이며, 지옥에서 죄수들은 일상적으로 고문을 받다가 죽습니다. 그러나 죄수들이 죽자마자 '바람(교풍巧風)'이 불어 그들을 되살려, 거듭해서 고문을 받게 합니다. 지옥에서는 매일 수만 명의 사망자가 발생할 수 있습니다.

부처님은 우리가 지은 다양한 죄의 정도에 상응하는 형벌이 있는 다양한 지옥이 있다고 설하셨습니다. 지옥 가운데 최악의 지옥을 아비지옥(무간지옥)이라고 합니다. 아비는 산스크리트어 아비치(Avici)의 음역으로 무간無間, 끊임없다는 뜻입니다. 아비지옥에서는 수명이 수백만 년 되는 각각의 생에서 고통과 고문이 절대 끊어지지 않고 계속됩니다. 수감자들은 일반적으로 이런 지옥에서 수백만 번의 그러한 생을 겪어야 합니다. 아비지옥에서는 형기가 끝날 때까지 사실상 벗어날 희망이 없습니다.

권력을 남용해 타인을 해친 자들은 협산지옥夾山地獄의 네 개의 문과 맞닥뜨리게 될 것입니다. 이 지옥의 산들은 죄인들이 달아나도록 열려 있습니다. 그러나 그들이 도망치려 할 때, 두 산이 함께 빨리 움직여 그들을 짓눌러 죽게 할 것입니다.

계율을 지닌 이(지계자持戒者)가 계율을 어기면 철의지옥鐵衣地獄에 떨어지는 과보를 받게 되는데, 그곳에서 갈고리가 달린 칼이 옷을 찢습니다. 벌거벗겨진 죄수들이 옷을 원하면, 쇠로 된 옷 한 벌이 하늘에서 떨어져 옷을 입힐 것입니다. 그러나 이 옷은 뜨거운 쇠로 만들어졌고, 계율을 어긴 이들을 잿더미로 태웁니다. 이어서 그 지역에 '바람(교풍)'이 불어 죽은 사람을 되살리고 고문이 반복됩니다.

세 번째 불사음 계율을 어긴 계율 지닌 이(지계자)와 혼외 성관계를 맺은 이는 포주지옥抱柱地獄에 떨어진다고 합니다. 그곳에서 죄인은 뜨거운 구리 기둥을 자신의 사랑하는 사람으로 착각하고 껴안을 것입니다. 뜨거운 구리 기둥은 죄인을 태워 죽일 것입니다. 다시 '바람(교풍)'이 불어와 그 지역을 식히고 죽은 사람을 다시 살아나게 해서, 껴안고 불에 타는 과정이 반복될 것입니다. 이것은 음욕의 업을 가진 사람들의 지옥입니다.

삼보를 비방하고 파괴한 사람들은 발설지옥拔舌地獄(또는 경설지옥耕舌地獄)에 떨어질 것입니다. 거기서 악귀가 죄수의 혀에 박힌 갈고리로 죄수를 공중으로 끌어올릴 것입니다. 이는 비방이나 거짓말로 다른 사람들이 부처님을 믿지 않도록 영향을 미친데 대한 과보입니다. 또한 '구업'을 지은 사람들도 발설지옥으로 가는 길을 닦을 것입니다. 네 가지 구업은 1) 거친 말 또는 욕설(악구), 2) 이간질하는 말(양설), 3) 교묘하게 꾸며대는 말(기어), 4) 거짓말(망어)입니다.

벌레, 새, 동물 같은 생명을 죽인 살생의 죄를 지은 사람들은 결국 머리를 잘라 고통을 주는 감두지옥砍頭地獄에 떨어질 것입니다.

부처님의 가르침에 따르면, 셀 수 없이 많은 지옥이 있으며, 각각의 지옥은 우리의 과거의 죄에 대해 적절한 과보를 받도록 하기 위한 온갖 고문 기구들이 있습니다.

지옥으로 가는 확실한 방법은 분노나 증오에 빠지는 것입니다. 분노 때문에, 우리는 피해자들에게 '지옥 같은' 삶을 살게 합니다. 그래서 우리는 결국 하나 이상의 지옥에 가서 빚을 갚아야 하는 것입니다.

지옥을 믿지 않는 사람들도 죽은 후에 지옥에 떨어질 수 있습니다. 다행히도 불자들이 쓸 수 있는 특별한 법 덕분에, 그들은 여전히 사랑하는 사람들의 도움을 받을 수 있습니다. 하지만 이런 일이 일어나지 않도록 예방 조치를 취하는 것이 더 낫습니다.

제5부 임종 시에

30

자력과 타력

앞서 '오직 십념'장에서 한마음으로 흐트러짐 없이(일심불란) 부처님 명호를 열 번만 외우면(십념) 서방정토 극락세계로의 왕생이 보장된다고 설명했습니다. 이것은 기본적으로 자력입니다. 왜냐하면 성공하기 위해 우리 자신의 염불삼매에 의지해야 하기 때문입니다.

우리 염불 수행 프로그램의 목적은 이 염불삼매에 들어가는 방법을 지도해 주는 것입니다. 염불삼매를 개발해 자신을 돕고 다른 사람에게 짐이 되지 않도록 하는 것이 목표입니다. 그러나 이미 언급했듯이 염불삼매를 성취하기가 쉽지 않습니다. 사실 우리 대부분은 한 생에 그렇게 하지 못할 것입니다.

이것이 바로 정토불교의 주요 장점들 중 하나가 의미 있게 되는 지점입니다. 즉 수행자들은 다른 사람들의 도움을 받아 정토로 왕생할 수 있습니다.

다른 사람들이 어떻게 도와줄 수 있을까요? 두 가지 방법으로 도와줄 수 있습니다.

첫째, 다른 사람들이 우리를 대신하여 염불할 수 있습니다. 만약 그들이 염불삼매에 들 수 있다면, 그들은 아미타불이 우리 이름을 알도록 아미타불에게 확실히 알릴 수 있습니다. 이것은 아미타불이 그들의 부탁을 들어줄 만큼 그들을 신뢰할 수 있는 경우에만 도움이 될 것입니다. 둘째, 다른 사람들이 우리에게 그들의 왕생복을 주어서, 우리가 정토에서 자리를 차지할 수 있게 합니다.

고인을 돕기 위해 출가자의 도움을 받는 불교 전통은 이 두 가지 개념에 의지합니다. 친구나 친척이 사망한 후 49일 동안 사람들은 고인을 위하여 염불과 의식을 해달라고 종종 스님들에게 부탁합니다. 이 의식들은 왕생복을 망자의 업의 은행 계좌로 이체하기 위한 것입니다.

이것은 유지할 가치가 있는 매우 소중한 전통입니다. 그러나 불행하게도, 49재는 응당 해야 하는 중요한 일 대신에 한낱 전통이나 관습이 되어버린 것 같습니다. 전통의 이면에 있는 본질은 대체로 소홀히 합니다.

결과적으로, 대부분의 정토 신자들은 진정한 이해보다는 문화적 관습에서 사찰의 도움을 구하는 것으로 전락합니다. 이것은 고인을 기리기 위해 모임을 하고 술을 마시는 풍습보다 확실히 낫지만, 정토에 왕생하도록 돕기 위해 해야 할 것에 여전히 훨씬 못 미칩니다.

장례식이 그렇게 비싸다고 해서 도움이 되지 않습니다. 설상가상으로 대다수의 장례식은 고인에게 별로 도움이 되지 않습니다. 결과적으로 대부분의 망자는 정토에 도달하지 못합니다.

　장례식은 남겨진 사람들에게 통과의례와 슬픔에 대처하는 방법을 제공할 수 있습니다. 그러나 자원이 한정되어 있고 정토법을 믿는 사람들은 주로 겉으로 보여주기 위한 의식과 장식적인 것에 많은 돈을 쓰는 것을 피하고, 대신 고인을 돕기 위해 현명하게 자원을 사용하기를 원할 수 있습니다.

　고인이 된 사랑하는 이를 진정으로 돕고 싶다면, 지극정성이어야 하며 올바른 도움을 구해야 합니다. 왕생을 위해 타인의 도움을 얻으려면 다음 사항에 달려 있습니다.

　1. 타인의 염불 능력, 그리고 또는
　2. 타인의 왕생복

　많은 사람이 보통 큰 수술 전에 한 명 이상의 의사와 상담하지만, 대부분의 불자는 고인을 위해 도움을 청하려고 가장 가까운 사찰로 걸어 들어가, 그들의 사랑하는 사람들을 치명적인 적의 손아귀에서 구하고자 할 것입니다.

　그러나 지혜로운 사람들은 더 철저하게 알아볼 것입니다. 그들은 적어도 사찰 몇 곳과 얘기를 나누며 제안하는 것을 살펴보고, 그러고 나서 위에 언급된 두 가지 자격 요건에서 더 나은 자격을 갖춘 사찰을 선택할 것입니다.

　정말 복이 있는 사람은 스스로 알아보고 미리 준비합니다. 만약 자신의 염불의 힘으로 정토에 갈 수 없다고 느낀다면, 죽을 때 자격을 갖춘 도움을 받을 수 있도록 미리 준비하기를 원할 수 있습니다.

31

49일이 남아 있다

죽음이란 주제에 대해 토론하기 좋아하는 사람은 거의 없습니다. 의료기술이 발달할수록 죽음의 주제는 우리의 일상 의식에서 더욱 멀어져 갑니다. 질 좋고 향상된 의료 서비스로 우리는 자연이 허락한 것보다 수십 년 더 오래 죽음을 모면하길 바라고, 또 그렇게 하는 것 같습니다.

그 결과 죽음에 대한 두려움, 그리고 그것을 우리 의식에서 제거하려는 욕망이 지난 100여 년 동안 더욱 만연해 왔습니다.

이 장에서 우리는 불자들이 죽음의 불가피함에 어떻게 대비하는지, 그리고 사후 49일의 대단히 중요한 기간 동안 어떤 일이 벌어지는지에 대해 논할 것입니다.

여기에 제시된 정보는 『지장경』과 같은 불교 경전을 바탕으로 한 것입니다. 독자들은 더 자세한 내용에 대해 불교 문헌을 참고할 수 있습니다.

앞에서 오온이라는 중요한 불교 개념에 대해 이미 언급했습니다. 오온五蘊의 온蘊은 '쌓다' 또는 '무더기'를 뜻합니다. 이 개념에는 여러 층이 연관되어 있습니다. 그러나 대체로 우리가 아는 자아는 다음과 같은 다섯 가지 요소로 이루어져 있으며, 이를 오온이라고 합니다.

1. 색色: 색은 육체를 가리킵니다.
2. 수受: 우리는 불쾌하고 고통스러운 느낌을 거부하면서 자연스럽게 즐거운 느낌을 찾아냅니다.
3. 상想: 우리는 생각하는 것을 좋아합니다. 우리는 논리적이고 이성적이라고 자부합니다.
4. 행行: 우리가 밤에 꿈을 꿀 때 분명해지는 생각 저변의 흐름이 있습니다. 심지어 잠을 자는 동안에도 완전히 쉬거나 행行이 없는 게 아닙니다. 사실 우리는 잠재의식 수준에서 생각을 멈출 수 없습니다.
5. 식識: 이는 우리가 외부 세계와 접촉할 때 경험하는 의식입니다.

우리 존재는 양파와 같이 겹겹이 층이 있는 자아의 이 다섯 가지 측면을 통해 경험됩니다. 이 오온은 자아가 정말로 매우 복잡하다는 것을 보여줍니다.

오온이란 개념 외에도 윤회의 개념을 쓸 필요가 있을 것입니다. 앞에서 살펴보았듯이 불교는 죽음이 끝이 아니라고 가르칩니다. 우리가 죽으면 그저 다른 몸으로 바꿀 뿐입니다. 각각의 몸은 오온으로 이루어집니다.

우리가 죽은 후 대부분은 중음신中陰身이라는 상태를 거칩니다. 이 '몸'은 우리가 한 몸에서 다른 몸으로 옮겨갈 때, 윤회 사이에서 거치는 일시적인 상태입니다.

중음신 상태에 있을 때, 실제로 우리는 7일만 사는 귀신이 됩니다. 우리는 총 49일까지 일시적인 귀신으로 일곱 번의 연속적인 삶을 살고 죽습니다. 따라서 사후 49일 동안 우리는 환생에 영향을 주는 일곱 번의 기회를 갖게 됩니다.

이 기간에 우리는 7일에 한 번 명부의 재판관이자 통치자인 염라대왕을 만나게 됩니다. 그때마다 재판관에게 우리의 기록이 보여집니다. 염라대왕은 우리가 생전에 지은 선행과 악행을 열거해 그에 상응하는 판결을 내립니다. 달리 말하면, 과거의 업에 따라 다음에 어떤 몸을 받아야 할지를 염라대왕이 결정합니다. 착하고 품격 있는 삶을 산 사람들은 인간계나 천상계에 갈 수 있는 충분한 복이 있습니다. 악한 자들은 결국 지옥, 아귀, 축생의 삼악도에 떨어질 것입니다.

이 중음신의 상태는 비참한 것입니다. 우리는 막 인간 몸을 잃은 것에 아직 익숙하지 않습니다. 예를 들어 팔을 들려고 해도 납처럼 느껴지고 움직이지 않을 것입니다. 게다가 모든 것이 어둡습니다. 눈을 크게 떠도 아무것도 볼 수 없습니다. 그리고 춥고 매우 배고픕니다. 더 나쁜 것은, 과거의 죄로 인해 빚을 진 이들로부터 끊임없이 괴롭힘을 당한다는 것입니다. 그들은 우리를 미혹하게 해서 우리가 악도에 떨어지기를 바랍니다.

대부분의 사람은 이 49일 기간 동안 살아 있는 친척과 친구들의 행위가 우리에게 즉각적인 영향을 줄 수 있다는 것을 알지 못합니다.

예를 들어 어떤 문화에서는 고인을 위해 추모식을 여는 것이 전통입니다. 이런 경우 고인을 그리며 술을 마시고 고기를 먹는 것이 일반적입니다. 불자들은 이런 행위가 해롭고 고인에게 업의 빚을 증가시킨다고 믿습니다. 불자들도 사랑하는 사람을 기리기 위해 모여 자주 식사를 함께합니다. 다만 죄를 짓는 요소가 없습니다.

망자가 염라대왕을 만날 때마다 망자와 관련하여 지어진 모든 업이 집계되어 기록에 추가됩니다. 이는 7회까지 일어날 수 있는 만큼, 사랑하는 사람이 지은 죄가 망자의 기록에 더해지는 기회가 많이 있습니다.

지금도 많은 아시아인이 행하고 있는 불교의 풍습이 여기서 중요해지는 것입니다. 관례적으로 불자들은 고인을 위한 복을 짓는 데 도움을 구하려고 사찰로 갈 것입니다. 그들은 스님에게 염불이나 독경, 참회기도를 부탁합니다. 또한 불자들은 고인을 대신해 공덕을 짓기 위해 이 기간 동안 고기를 먹지 않는 등 다양한 공덕행을 할 줄 압니다.

살아 있는 친척과 친구들이 이 기간에 고인을 대신해 공덕행을 한다면 고인이 바로 다음 생에 좋은 몸을 받도록 도울 수 있습니다. 반면 이들이 고인을 위한 기념식의 일환으로 고기를 먹는 등 죄를 짓는다면, 이런 죄는 고인의 운명을 악화시킬 것입니다.

특히 이 49일 기간은 망자를 정토에 왕생하도록 돕는 가장 적절한 시기이기도 합니다. 이를 믿는 사람들은 왕생의 기회를 극대화하기 위해 이 과도기에 대비해야 합니다.

수천 년 동안 대승불교는 죽어가는 사람이나 최근에 죽은 사람을 위해 특별한 의식을 하는 전통이 있습니다. 특히 49재는 전통적으로 동아시아 불자들에게 매우 중요했습니다.

이 의식은 삼보에 공양을 올림으로써 공덕을 지어 망자의 복을 증가시켜 주고, 망자가 49일간의 과도기 동안 직면하게 될 장애를 극복하도록 도와줍니다. 망자가 서방정토 극락세계에 바로 왕생하도록 돕는 것이 목적입니다.

그러나 비록 망자가 바로 정토에 도달할 수 없다고 해도, 이 의식은 그럼에도 불구하고 망자가 인간계나 천상계에 오르는 데 도움을 줄 수 있습니다. 또한 망자가 미래 생에 정토로 왕생하기 위한 씨앗을 심는 데 도움을 줄 수 있습니다.

49재는 『불설우란분경』뿐만 아니라 『지장경』, 『아미타경』에 뿌리를 두고 있습니다. 『우란분경』에서 삼보三寶는 대목건련 존자의 어머니를 아귀계에서 구하는 데 도움을 줍니다. 어떻게 했을까요? 시방의 승가(출가자 공동체)에게 공양을 올려 지은 모든 공덕을 어머니에게 회향했습니다.

여기에 우리 절의 두 가지 일화가 있습니다.

한 제자의 사랑하는 어머니가 몇 년 전에 돌아가셨습니다. 그때만 해도 저는 선禪에 대해서만 가르쳤는데, 제자에게 49재와 '왕생법(망자를 천도해 정토에 왕생하게 하는 법)'에 대해 알려주는 것이 중요하다고 느꼈습니다.

그 제자의 어머니는 그와 그의 여동생에게 캘리포니아의 집 한 채를 포함한 유산을 남겼고, 그 집은 그들이 팔려고 내놓은 상태였습니다. 그래서 저는 제자에게 매매 수익금 중 일부를 어머니가 서방정토 극락세계에 왕생하도록 천도재에 쓰라고 권했습니다. 저는 그의 어머니가 불교 신자가 아니더라도 불교의 정토에 갈 수 있는 선택권이 주어져야 한다고 했습니다. 어쨌든, 그것은 어머니의 돈이었습니다. 저의 제자는 현지 사찰에서 하는 천도재를 선택해서 올렸습니다. 그런데 그 사찰의 천도의식은 죽은 여인에게 이롭다기보다는 의례적이었습니다. 그러나 그녀는 평생 꽤 괜찮은 기독교인이었기 때문에 결국 천상에 태어났습니다.

두 번째 사례는 비신자에 대한 이야기입니다.

저는 치과의사 제자가 있습니다. 그의 가장 친한 친구는 불교를 믿지 않는 의사입니다. 그 비신자가 세상을 떠나자, 저의 치과의사 제자가 즉시 저에게 와서 49재를 지내달라고 도움을 청했습니다.

부탁에 응한 뒤, 저는 제자에게 그 친구가 다소 오만하고 종교를 경시하지 않는지 물었습니다. 저의 제자는 그렇다고 대답했습니다.

우리가 하는 일이 터무니없고 순전히 미신이라고 생각하는 사람을 어떻게 도울 수 있을까요?

처음 3주간 저는 정상적인 49재 의식을 했지만, 그 복을 보류해 두고 염라대왕께 죽은 의사의 장부에 적용하지 말아 달라고 부탁했습니다. 바꿔 말하면, 저는 그의 인식을 개선하기 위해 처음 3주 동안 그를 고통받게 했습니다. 결국 그는 6주째에 서방정토 극락세계로 가는 것을 택했습니다. 보아하니 이 비신자는 괴로움을 충분히 겪었고, 가능한 한 정토의 즐거움을 누리기로 선택한 모양이었습니다.

두어 달 후, 치과의사 제자가 절에 방문하여 죽은 의사 친구의 딸로부터 전화를 받은 이야기를 했습니다. 그녀의 아버지는 이틀 밤 연속 그녀의 꿈에 나타나 아주 잘 지내고 있다고 말했습니다.

둘째 날 밤, 그는 딸에게 "작별 인사를 해야 하고, 가야 한다"고 말했습니다. 그는 이제껏 해본 적이 없는 일을 하고 있다고 말했습니다. 그는 실제로 법을 수행하고 있었습니다. 왜일까요? 왜냐하면 그는 딸에게 수행 외에는 달리 할 일이 없다고 했습니다.

그것이 바로 사람들이 정토에서 하는 것입니다. 그들은 우리가 여기 우리 세상에서 하는 것처럼 나가서 죄를 지을 기회가 더 이상 없습니다. 오히려 그들의 모든 존재는 도를 닦고 해탈에 이르는 데 맞춰져 있습니다. 이 꿈을 꾼 딸은 정토불교에 대해 잘 몰랐습니다.

오늘날 보통 49재를 지내는 방법의 한 가지 중요한 문제점은 대부분의 불자들이 누군가가 죽어서야 사찰에 와서 49재를 지내달라고 부탁한다는 것입니다.

그러나 『지장경』에 따르면, 망자를 위해 지은 복의 7분의 1만이 실제로 망자에게 가고, 유가족에게 대부분(남은 6/7)이 돌아갈 것입니다. 이것이 대부분의 사람들이 정토에 도달하지 못하는 한 가지 이유입니다. 그들은 다만 정토에 갈 충분한 복이 없습니다.

이 49일 기간을 미리 준비하는 것이 누군가 일찍 죽기를 바라는 것으로 해석될 수 있다고 일부 사람들이 믿는 것을 이해할 수 있습니다.

그러나 이것은 옳지 않고 다만 미신적인 믿음일 뿐입니다. 반면 우리의 삶은 짧습니다. 미리 준비해야 하지 않을까요?

정말 믿는다면 친척들이 어떻게 할지 알기를 바라기보다는 스스로 49재를 준비하는 것이 가장 안전합니다. 다른 사람이 당신을 위해 그런 중요한 결정을 하도록 내버려 두는 것은 지혜롭지 못합니다.

미루지 않는 것도 지혜롭습니다. 불자들이 하는 말처럼, 무상귀(無常鬼: 저승사자)는 언제든지 올 수 있습니다. 그들은 대개 우리가 전혀 생각지도 못할 때 옵니다. 언제 당신 차례가 될지 당신은 절대 모릅니다.

더 중요한 것은, 당신이 아직 살아 있을 때 49재를 청함으로써 당신은 단지 1/7만이 아니라, 당신을 위해 지어진 100%의 복을 받게 될 것입니다. 미리 준비하는 또 다른 장점은 상喪을 당해 힘든 시간 동안 친척들에게 불필요한 부담을 주지 않는다는 것입니다.

제대로만 한다면 이 49일간의 과정을 통해 자신의 왕생을 극적으로 개선할 수 있습니다.

32

심판이 지난 후에

우리 대부분이 죽은 후 거쳐야 하는 심판 기간을 처음 알게 되면, 사람들은 종종 이렇게 묻곤 합니다. "제가 49재에 대해 잘 몰라 몇 년 전 세상을 떠난 사랑하는 이들을 위해 제때 49재를 모셔주지 못해서 마음이 아픕니다. 이미 49일의 기간이 지나갔는데, 이제라도 제가 그들을 위해 무엇인가를 해줄 수 있을까요?"

예, 여전히 도와줄 수 있습니다. 그러나 49일이 지나면 훨씬 더 복잡해집니다.

우선, 당신은 그들이 서방정토 극락세계로 왕생할 수 있도록 충분한 복을 지어 주어야 합니다. 그것은 쉬운 일이 아닙니다. 거기다가 죽은 지 49일이 지난 지금 그들은 이미 육도의 한 곳에서 새로운 몸으로 태어났습니다. 그러므로 이제 당신은 충분한 복을 지어 그들의 현재 존재에 뿌리를 두고 있는 왕생의 장애를 극복하도록 해야 합니다. 사찰에 왕생 위패를 모시는 대승법이 이 목적에 가장 적합합니다.

이것이 어떻게 작용하는지 설명하기 위해 두 가지 예를 들어 보겠습니다.

몇 년 전에 세상을 떠난 스님이 있었습니다. 그 스님은 악도에 떨어지게 되어 있었지만, 가족이 역량 있는 사찰에 도움을 청해서 천상에 태어났습니다.

그는 멋진 시간을 보냈고, 자신이 깊이 아끼는 사람들을 계속 보러 왔습니다. 그들은 모두 그의 존재를 느낀다고 했습니다.

그러나 위에서 살펴보았듯이, 불자에게 천상의 행복은 궁극적인 목표가 아닙니다. 복이 다하면 다시 윤회로 되돌아갑니다. 천상의 즐거움으로 행복해지는 것은 그저 근시안적입니다.

그래서 그의 가족이 저에게 와서 그가 서방정토 극락세계에 왕생할 수 있도록 도와달라고 부탁했습니다. 그 시점에 49일 기간은 지나갔고, 스님은 이미 천상에 태어나 있었습니다.

가족의 정성스러운 보시 덕에 이 스님은 얼마 지나지 않아 정토에 갈 수 있는 충분한 왕생복을 가졌습니다. 그러나 서방정토 극락세계로 왕생을 선택하도록 그를 설득하는 데 1년 반의 추가적인 노력이 들었습니다. 왜일까요? 저는 그가 천상에서 누리고 있었던 믿을 수 없을 정도로 즐겁고 행복한 경험들과 경쟁해야 했습니다.

49일 기간이 지난 후에 왕생의 어려움을 단적으로 보여주는 또 다른 사례가 있습니다. 젊었을 때 낙태를 한 여성이 나중에 인과에 대해 더 많이 이해하게 되었습니다. 그녀는 자신의 행동에 대해 후회하며 참회하고 싶었습니다. 그래서 그녀는 자신의 태어나지 못한 아이가 정토에 왕생하도록 돕기로 했습니다.

그녀는 비용을 아끼지 않고 여러 사찰에 도움을 구했습니다. 그들은 아이 영가를 천도하기 위해 특별한 의식을 했고, 아이 영가를 위해 특별한 시설을 제공했습니다.

태어나지 못한 아이 영가를 구하려는 지속적인 노력 끝에, 그녀는 결국 저에게 와서 도움을 청했습니다. 저는 불행히도 그 아이 영가가 전혀 잘 지내지 못하고 있다고 알려주었습니다. 아이 영가는 여전히 그녀에게 화가 나 있었고, 그러면서도 동시에 혈연 때문에 그녀에 대한 집착을 내려놓을 수가 없었습니다.

최종적으로 그녀의 정성을 확신한 후에, 우리는 그녀의 아이에게 왕생해서 새로 시작하라고 설득할 수 있었습니다.

우리가 과거에 빚진 이들이 우리에게 정토에 왕생할 기회가 있다는 것을 알고, 따라서 그들이 아직 기회가 있을 때 복수하려고 우리에게 달려들어서, 우리가 죽은 후에만 나타나는 치명적인 공격에 대처하기 위해 49재를 지냅니다.

그런데 망자를 위해 49재를 지내주었어도, 또 왕생 위패를 모시면 그 이익을 얻을 것입니다. 왕생 위패는 추가적인 왕생복을 가져다주어 망자가 더 효과적으로 수행하고 더 빨리 부처가 될 수 있게 할 것입니다. 그러면 그들은 돌아와서 우리를 구제할 기회가 있을 것입니다. 이미 정토에 도달한 이들의 수행을 지원하는 것은 가치가 있습니다. 왜냐하면 결국 이들은 여러분 자신의 수행과 성장에 도움을 줄 수 있는 사람들이기 때문입니다.

따라서 정성을 다하는 사람은 49재 외에 왕생 위패 모시는 것을 고려해야 합니다.

제6부
선정쌍수, 어떻게 수행할 것인가?
禪 淨 雙 修

33

염불

이 장에서는 정토불교의 기본 수행인 아미타불을 염불하는 방법에 대해 설명하겠습니다.

선 수행법에 대해서는 대부분 37장에서 다룰 것입니다. 그러나 선정쌍수(禪淨雙修: 선과 정토를 함께 수행)의 두 측면이 궁극적으로 분리되지 않기 때문에 이 장에서 다루는 정토 수행법도 선의 영향을 받습니다.

염불에는 네 가지 방법(사종염불)이 있습니다.

1. 관상염불觀想念佛: 『관경觀經』에는 16가지 연속적인 관법이 열거되어 있습니다.
2. 관상염불觀像念佛: 자신이 좋아하는 불상을 선택해 관하면서 염불합니다.
3. 칭명염불稱名念佛: 염불을 계속하면 마음이 청정해지고 삼매에 들 수 있습니다.
4. 실상염불實相念佛: 실상염불은 깨달은 존재가 염불할 때 하는 것입니다.

칭명염불은 단연코 가장 널리 수행되는 방법입니다. 이 염불법을 수행하려면 모든 망상을 한쪽에 제쳐두고 마음속으로 묵묵히, 혹은 소리 내어 아미타불의 명호를 반복합니다.

아미타불의 중국어 발음인 '어미퉈포'를 외워도 됩니다. 그러나 영어로 '아미타바 붓다(Amitabha Buddha)'나 베트남어 등 다른 언어로 해도 괜찮습니다.

때로는 부처님 이름 앞에 산스크리트어 나모(Namo)의 음역인 '나무'를 붙이기도 합니다. 예를 들어 우리 정토수행법회에서는 걸으면서 염불을 하며 법당을 돌 때 '나무아미타불'을 염불하고, 그다음에 앉아서 염불할 때는 짧은 '아미타불'로 바꿔서 합니다.

또한 운율을 가미한 방식으로 염불하는 것을 선택할 수도 있고, 아니면 보통 말하는 어조로 해도 됩니다. 자신에게 가장 편한 염불 방법을 찾으세요.

우리는 염불할 때 자신의 자성을 듣는 관음법문을 사용합니다. 이 방법은 『능엄경』에 자세히 설명되어 있습니다. 정토 수행을 위해서, 우리는 그저 자신의 염불 소리에 온전히 주의를 기울여 들어야 합니다. 이것은 우리가 소리 내어 염불하지 않고, 마음속으로 할 때도 적용됩니다. 마음속으로 아미타불 이름을 생각하면 들을 수 있는 내면의 소리가 여전히 있습니다.

또는 배꼽에 대고 염불할 수도 있습니다. 배꼽 뒤쪽에는 단전이 있으며, 단전은 정신적인 중심입니다. 이 방법을 수행하려면 배꼽에 주의력을 두고 염불하면 됩니다.

염불할 때 망상을 피우지 않도록 하세요. 바꿔 말하면, 마음에 부처님 명호 외에 다른 생각이 있어서는 안 됩니다. 염불 소리에만 온 주의력을 기울이세요. 자신이 망상을 하고 있다는 것을 알아차릴 때마다, 생각을 한쪽에 제쳐놓고 일심으로 염불하는 것으로 돌아가세요.

매일 시간을 들여 좌선하거나 경행하면서 염불하는 것이 가장 좋습니다. 37장 '선 수행법'에서 좌선 방법에 대해 더 많이 설명할 것입니다.

또한, 온종일 염불할 수도 있습니다. 예를 들어 설거지, 빨래, 청소와 같이 의식적인 사고를 필요로 하지 않은 일을 할 때마다 망상을 멈추고, 배꼽에 주의를 돌려서 염불을 계속합니다.

처음에는 외부 환경에서 일하는 동안 안쪽의 단전에 집중하는 것이 어려울 수 있습니다. 그러나 '본부 또는 중앙 지휘부에 상주하는' 단전에 집중하는 훈련을 계속하다 보면, 자연스럽게 당면한 과제에 대해 더 잘 알게 될 것입니다. 쉽지는 않지만, 이것은 망상이 있는 것을 알아차리게 되었을 때 망상을 최소화하는 과정입니다.

예를 들어 직장에서와 같이 생각해야 할 때는 자신이 하는 일에 집중하고, 배꼽에 대고 염불하는 것을 중지할 수 있습니다. 그러나 자신이 불필요하게 생각하는 것을 알게 되면 잠시 멈추고, 단전에 주의력을 돌려 염불을 합니다.

또한 한 시간에 한 번 정도 쉬면서 잠시 배꼽에 대고 염불하는 것도 좋은 방법입니다. 상기시키기 위해 알람을 설정할 수도 있습니다.

우리가 여기서 설명한 방법은 대단히 간단합니다. 잠시 해보면 금방 익숙해질 것입니다. 대부분의 정토불교 신자들은 하루종일 염불합니다. 아침에 일어나자마자, 양치하면서, 운전해서 출근하면서, 일을 하는 동안 등 계속 염불합니다.

언제 어디서나 염불할 수 있습니다. 그렇게 하면 에너지와 마음의 평온을 줄 것입니다. 수행력이 있는 사람들은 모든 외부 세계를 배제하고 부처님 명호에 매우 빠르게 집중해 마음대로 배터리를 빨리 재충전할 수 있습니다.

이 방법을 수행함으로써 마음을 고요하게 하는 데 효과가 있음을 알게 될 것이며, 이는 결국 법에 대한 믿음을 증가시킬 것입니다. 믿음이 있으면 염불삼매에 들기가 더 쉽습니다.

그러면 당신은 정토에 곧바로 가는 길에 있을 것입니다.

34

정토 수행의 다른 방법

정토법을 어떻게 수행할 수 있을까요? 다음의 절차는 몇 가지 지침을 제시해줍니다.

1. **목표를 설정한다.**

반드시 서방정토 극락세계에 왕생하겠다는 원을 세워야 합니다. 더 좋은 것은, 바로 이번 생에 왕생하는 것을 목표로 삼아야 합니다.

2. **복을 짓는다.**

정토에 왕생하려면 엄청난 복이 필요합니다. 다음 장에서는 복을 심는 방법에 대해 더 자세히 설명할 것입니다.

대부분의 사람은 충분한 왕생복을 짓지 못하며, 그렇기 때문에 현재 정토 수행자들의 압도적 다수가 이 생을 마칠 때 정토에 왕생하지 못할 것입니다. 당신도 그들 중 하나라는 것을 걱정해야 합니다.

항상 더 많은 왕생복을 짓는 방법을 찾으세요. 일반적으로 다른 사람을 위해 좋은 일을 하는 어떤 방법도 당신에게 복을 가져올 것입니다. 36장의 주제인 효를 행하는 것은 복을 짓는 훌륭한 방법입니다.

복이 많으면 많을수록 왕생의 품위가 높아집니다.

저는 제자들에게 큰 공功을 세우라고 가르칩니다.

3. 계율을 지킨다.

계율에 있는 도덕규범을 따르면 더 많은 왕생복을 지을 수 있을 것입니다.

4. 스승을 찾는다.

가르침을 받을 만한 충분한 복을 쌓기 전이라도 항상 훌륭한 스승을 찾아야 합니다.

충분한 복이 있을 때 스승이 알아보고 당신을 지도해 줄 것입니다.

"살려주세요. 도와주세요. 가르쳐주세요."라는 태도로 돌아다니지 마세요. 대신, 더 겸손하고 다른 사람들을 도와서 도움을 받을 가치가 있도록 하세요. 우리의 『선 수행 지침서(The Chan Handbook)』에서 선지식이나 지혜로운 스승이란 주제에 대해 더 많은 것을 찾아볼 수 있습니다.

5. 수행력을 키운다.

수행력(삼매 수준)이 향상되지 않으면, 잘못된 길을 가고 있는 것입니다. 진도를 기록해야 합니다. 염불삼매 수준이 꾸준히 높아지면, 점점 정토에 가까워지고 있는 것입니다.

동시에 삼매가 높아짐에 따라 지혜 또한 그에 상응해 열려야 합니다.

지혜가 열리는 것을 어떻게 알 수 있을까요?

더욱 겸손해집니다. 다른 사람을 따르고, 다른 사람을 주목받게 합니다. 이기적이지 않으며, 친절하고 자비로워집니다. 남을 비난하지 않고, 오히려 남의 약점과 결점을 참을성 있게 포용합니다. 가장 중요한 것은 더 이상 남의 잘못을 보지 않고 자기 자신에게 집중한다는 것입니다.

37장 '선 수행법'에서는 삼매력을 증진하기 위한 몇 가지 수행에 대해 대략적으로 설명할 것입니다. 삼매 개발 방법에 대한 더 자세한 내용은 『선 수행 지침서(The Chan Handbook)』를 참고하세요.

마지막으로, 규칙적으로 수행하는 좋은 단체를 찾아 집중력(삼매)을 높일 수도 있습니다. 자신보다 수준이 높은 수행자들의 단체를 찾을 수 있다면, 그들과 함께 수행함으로써 이익을 얻을 것입니다.

많은 정토 사찰들은 매주 모여서 염불하는 정기 법회가 있습니다. 또한 7일간 계속해서 진행되는 정토집중수행인 불칠佛七이나 참선집중수행인 선칠禪七 안거에 참가하는 것은 매우 유익합니다. 염불 수행을 하는 불칠의 하루 일과는 보통 새벽 4시에 시작해서 저녁 9시에 끝납니다.

6. 외부에 도움을 구한다.

당신이나 자신의 사랑하는 사람들이 서방정토 극락세계로 왕생할 수 있도록 도울 능력이 있는 사람들을 좀 알아보고 찾아보세요.

정토불교를 공부하세요. 당신의 왕생에 투자하세요. 자격을 갖춘 출가자들에게 도움을 구하세요. 당신이 죽은 후 대단히 중요한 49일 동안 당신을 위하여 염불하고 49재를 지내도록 도와줄 수 있는 좋은 사찰을 찾으세요. 이는 왕생복을 당신의 업의 은행 계좌로 이체하기 위한 것입니다.

큰 복이 있으면 외부의 큰 도움을 받을 수 있을 것이고, 계속 도움을 받으려면 계속해서 더 많은 왕생복을 지어야 한다는 것만 기억하세요.

35

복의 화폐

좋은 일이 우리에게 일어나는 것은 복이 있기 때문입니다.

복은 공덕행으로 지어집니다. 이는 단지 좋은 의도나 약속만이 아니라 행동이 필요합니다.

공은 다른 사람을 도와줌으로써 지어집니다. 우리는 노인이 길을 건너는 것을 도와주거나, 무료 급식소에서 자원봉사를 하거나, 절에서 점심 공양을 한 후에 설거지를 할 수 있습니다.

덕행은 개인적 손실을 수반하는 보시 행위입니다. 덕이 있는 사람은 남을 이롭게 하기 위해 손해 보는 것을 개의치 않습니다. 더 중요한 것은, 덕행은 인정받기(자신을 돕는 것) 위해서가 아니라, 오로지 남을 돕기 위해 행해진다는 점입니다.

정토에 왕생하려면 엄청난 복이 필요합니다. 왕생복을 짓는 것이 정토 수행에서 대단히 중요한 이유가 여기에 있습니다.

정토에 왕생하는 것을 먼 곳으로 비행기를 타고 가는 것에 비유할 수 있습니다. 비행기에 탑승하기 전에 티켓 비용을 지불할 충분한 돈이 있어야 합니다. 마찬가지로, 임종 시에 아미타불께서 우리를 맞이하여 정토로 인도해 주기를 바란다면, 우리는 이

업의 거래에 대한 대가를 지불하기에 충분한 왕생복이 있어야
합니다.

서방정토 극락세계는 우리가 사는 우리 은하에서, 우리 사바
세계에서 십만억 불국토가 떨어져 있다는 것을 깨달아야 합니
다. 한 가지 관점을 제시하자면, 우주 비행사들을 우주 정거장에
보내기 위해 약 5천만 달러를 씁니다. 이 지구에는 서방정토 극
락세계로 가는 표를 살 돈이 충분하지 않습니다. 그러므로 부처
님께서 우리가 복을 지을 수 있도록 많은 법문을 가르쳐주신 것
에 감사해야 합니다.

복은 유루有漏와 무루無漏의 두 가지가 있습니다. '루(漏, 샐 루)'
는 불교용어로, 우리의 에너지가 불필요하게 새어 나가는 것을
의미합니다. 우리는 습관적으로 외부의 또는 바깥의 쾌락을 추
구하고, 끊임없이 이어지는 산란한 생각에 사로잡혀 있기 때문
에, 이러한 누설로 벌집투성이가 됩니다.

유루복은 돈, 명성, 자동차, 사랑 등 세속적인 복을 말합니다.
이러한 것들은 즐겁지만, 에너지가 밖으로 빠져나가는 것을 촉
진해 결국 기운을 고갈시킬 뿐입니다.

그에 반해서, 무루복은 출세간법을 수행하는 데 도움이 되는
복입니다. 이러한 복은 유루를 끝내는 데 도움을 주어, 생각하는
마음을 제어하고 궁극적으로 깨달음에 이를 수 있습니다.

따라서 무루복이 더 바람직하다는 것을 분명히 해야 합니다.

유루복은 보상이나 이익을 바라면서 다른 사람을 도와줌으로

써 짓는 복입니다. 무루복은 보상을 구하지 않거나 선행의 공덕을 성불에 회향함으로써 짓는 복입니다.

더 큰 복은 숨겨져 있는 것입니다. 정말 복이 있는 사람들은 그들이 필요한 것을 충족할 수 있을 만큼만 있습니다. 예를 들어 사치스럽게 살 수 있게 해주는 고소득 직장은 복을 인출하는 한 형태입니다. 반면에 딱 필요한 것만 가진 사람들은 업의 은행 계좌에서 초과 인출하여 예금을 고갈시키지 않을 것입니다. 자산을 과시하는 것은 복이 아니라 골칫거리입니다. 우리는 복을 아끼는 법을 배우고, 복을 더 많이 지을 기회를 찾아야 합니다.

좋은 부모가 되기 위해 노력하는 사람은 자녀에게 돈 대신 복을 주어야 합니다. 돈은 자녀를 망치지만, 복은 자녀가 더 나은 사람이 되도록 도와줍니다.

복이 있는 사람은 번뇌와 괴로움이 적은 경향이 있습니다. 이는 물질적인 부와 아무 상관이 없습니다. 부자라고 해서 반드시 행복하지는 않습니다.

진정한 불자는 외부 세계를 통한 행복 추구를 지지하지 않습니다. 세속적인 행복은 사실 불자에게 괴로움의 한 종류입니다. 우리는 양면성의 세계에 살고 있습니다. 행복은 괴로움에 반대되는 것으로 정의됩니다. 행복에는 괴로움이 내재되어 있습니다.

예를 들어 사람들은 낭만적인 사랑을 추구합니다. 당신의 삶을 특별한 누군가와 함께할 수 있다는 것은 멋진 일입니다. 그러나 위대한 사랑으로 시작되었지만, 권태감이나 증오로 바뀔 수 있습니다. 미국에서 적어도 결혼의 절반은 이혼으로 끝납니다.

불교는 비관적이 아니라 현실적입니다. 진정으로 이해하고 지혜롭게 행동할 줄 아는 사람은 장래에 마음의 고통의 무게를 줄일 수 있습니다.

불자들은 행복을 반대하지 않습니다. 사실 복이 있는 사람들은 더 행복해지는 방법을 배울 수 있습니다.

어떻게 하면 더 행복해질 수 있을까요?

당신을 괴롭게 하는 것들에서 벗어나는 법을 배우고, 정토의 영원한 행복을 추구함으로써 행복을 얻을 수 있습니다. 괴로움을 없애면 남는 것은 오직 진정한 행복이지 세속적인 행복에 반영된 양면성이 아닙니다. 진정한 행복은 생사의 윤회가 끝났을 때 비로소 얻을 수 있지만, 생사를 끝내기 전에 여기에서 괴로움을 최소화하고 행복을 증가시킬 수 있습니다.

어떻게 괴로움을 없애나요? 지혜를 열어서 없앨 수 있습니다. 지혜가 있는 사람은 다른 사람을 괴롭게 하는 방식으로 행동하지 않을 것이며, 남을 괴롭게 하면 결국 되돌아와서 자신을 괴롭게 할 것입니다.

복이 있는 사람은 행복해지는 법을 가르쳐줄 지혜로운 스승을 만나게 될 것입니다.

세속적인 행복과 대조적으로 서방정토 극락세계에서는 행복이 끊이지 않습니다. 불쾌한 것이 없습니다. 모든 것이 원하는 대로 됩니다. 그곳의 존재들은 궁전에 살며 결코 일할 필요가 없습니다. 음식이 원하는 대로 나타나기 때문에 요리하지 않아도 되고 바느질하지 않아도 됩니다. 그들이 입는 옷은 천상의 옷보다 더 멋집니다. 정토의 존재들은 어떤 괴로움도 겪지 않을 정도로 복이 있습니다.

이것을 믿으면 더 지극정성으로 복을 심으세요.

부처님께서 설하신 주요 정토 경전 중 하나인 『무량수경』에 의하면, 서방정토 극락세계에 태어나기를 바라는 이는 다음과 같은 세 가지 복을 닦아야 합니다.

1. 부모님께 효도하고 봉양하며, 스승과 어른을 받들어 섬기고, 자비로운 마음으로 살생하지 않고, 십선업을 닦습니다 (십선업은 4장 '인과'에 있습니다).
2. 삼보에 귀의하고, 온갖 계를 수지하며, 위의를 범하지 않도록 합니다.
3. 보리심을 내고, 인과를 깊이 믿으며, 대승 경전을 독송하고, 다른 이에게도 행하도록 권합니다.

이 세 가지의 복을 청정한 업(정업淨業)이라고 합니다. 이런 청정한 업은 청정한 복을 지으며, 이것이 서방정토 극락세계에서 사용되는 화폐입니다.

이러한 복이 진정한 부입니다.

36

효도에 대하여

불교적 관점에서 보면 인간의 기본적인 책임은 효도하는 것이지, 좋은 직업을 갖거나 부자가 되는 것이 아닙니다. 불교에서 효는 부모, 어른, 스승을 공경하고 은혜에 보답하는 것을 의미합니다.

불교 수행을 하려면 효도를 해야 합니다.

이전 세대(중국, 한국, 베트남, 기타 동아시아 국가에서)는 효를 기반으로 하는 문화였습니다. 불자들은 가장 강한 문화는 효를 기반으로 이루어진다고 믿습니다. 그러나 요즘은 이러한 동아시아 국가들조차도 서구적인 가치관을 받아들이고 있으며, 가족에 집중하기보다는 물질주의적인 태도를 취하고 있습니다. 그들은 자신의 뿌리를 버리고 있습니다.

현대사회에서 우리는 흔히 아이들에게 더 이상 이런 기본적인 가치에 대해 가르치지 않습니다. 그래서 요즘 아이들이 다른 사람들에게 친절하게 대하는 것을 잘 잊어버립니다. 대신에 아이들은 자신에게 이익이 되는 것만을 이기적으로 하는 경우가 많습니다. 아이들이 행복하지 않은 것은 당연합니다.

효는 매우 광범위하지만 기본 관념은 부모님을 공경하고 행복하게 해드리려고 하는 것입니다. 대부분의 부모는 자식을 무조건적으로 보살피기 때문에 부모님의 깊은 은혜에 보답하기 어려울 수 있습니다.

우리 대부분은 부모가 될 때까지 부모님이 우리를 얼마나 살뜰히 보살피는지 잘 알지 못합니다. 그럼에도 불구하고 우리는 부모님을 행복하게 하려고 노력하고, 기쁘게 해드릴 기회를 찾을 수 있습니다. 우리가 그렇게 하면 우리 아이들이 효도하는 좋은 본보기가 됩니다.

부모님을 기쁘게 해드리기 위해 최선을 다하세요. 왜냐하면 부모님께 효도할 때 부모님이 행복하기 때문입니다. 그것이 당신을 더 행복하게 합니다. 그러면 당신과 부모님이 행복할 뿐만 아니라 귀신들도 행복할 것입니다. 그들은 당신을 존경할 것입니다. 부모님을 행복하게 하는 데는 지혜가 필요합니다.

부처가 되는 가장 빠른 길은 효를 행하는 것입니다. 부처가 되는 것은 인생에서 이룰 수 있는 가장 중요한 성취입니다. 이보다 더 중요한 것은 없습니다. 모든 부처님께서 "누구나 다 부처가 될 것이다."라고 말씀하십니다. 간단히 말해서, 빠르면 빠를수록 좋습니다. 효를 행하면 그 과정이 가속화될 것입니다.

효는 가정에서 시작됩니다. 부모님을 공경할 줄 알면 부처님께 효도할 줄도 알게 될 것입니다.

궁극의 그리고 최고의 효도는 석가모니 부처님처럼 출가하는 것입니다. 출가하면 더 이상 자신의 부모가 없습니다. 자신의 부모를 포기함으로 해서 세상의 모든 부모에게 효도할 수 있습니다. 이 심오한 불교의 지혜는 쉽게 이해되지는 않지만 매우 중요합니다.

부모님께 효도하는 방법은 여러 가지가 있습니다. 그중 하나는 삼보에 공양을 올리고, 주력을 하고, 승가에 절을 하고, 부처님과 승가에 음식 공양을 하는 등 부모님을 대신해 복을 심는 것입니다. 어떤 것을 공양하든, 형편이 되는 대로 마음을 다해 정성껏 공양하세요.

서구 문화에서 사람들은 특히 어머니날과 아버지날에 감사를 표하기 위해 부모님께 카드와 선물을 사드립니다. 그러나 불자들은 일반적으로 선물을 사지 않습니다. 왜냐하면 이는 단지 받는 사람의 복을 까먹기 때문입니다. 그 대신 삼보에 공양을 올리세요. 그러면 부모님과 여러분 자신에게도 복이 쌓일 것입니다.

효도의 또 다른 방법은 부모님을 공경하는 것입니다. 부모님께 무엇을 하라고 말하지 마세요. 또는 부모님이 조언을 구하지 않으면 부모님의 잘잘못을 논하지 마세요. 불교에 따르면, 부모님께 무엇을 하라고 하면 부모님께 불경한 죄를 짓게 됩니다. 하지만 만약 부모님이 물어보면 조언을 해드릴 수 있습니다. 궁극의 미묘함은 적절한 때를 기다리는 데 있습니다.

부처가 되려면 좋은 사람이 되어야 합니다. 좋은 사람이 되려면 효도를 해야 합니다.

다음은 불교에서 부모님께 효도하는 방법입니다.

- 부모님께 공양합니다. 부모님이 필요하거나 좋아할 만한 것을 드리고, 보살펴 드립니다. 부모님에게 부족한 것이 없는지 확인합니다. 만약 여유가 있다면 부모님이 필요한 것을 충족시킬 수 있을 만큼 물질적으로 충분한지 확인하고, 부모님이 물질적으로 부족한 것에 대해 걱정하지 않도록 해드립니다.
- 삼보에 공양합니다. 그러면 부모님이 미래에 배고프지 않을 것입니다.
- 부모님을 외롭고 슬프게 하지 않도록 합니다. 사람이 나이가 들면 더 이상 사회에 쓸모가 없다고 느끼는 경향이 있습니다. 그들은 소외감을 느낄 수 있고, 더 이상 아무도 그들을 필요로 하지 않는다고 느낄 수 있습니다. 더구나 당신이 결혼해서 가정을 꾸리면 자기 가족을 돌보느라 바빠질 수 있고, 부모님을 위한 시간적 여유가 없을 수도 있습니다. 그럴수록 부모님께 각별한 관심을 기울이고 특히 친절해야 합니다.
- 무엇을 하든 부모님께 알려야 합니다. 예를 들어 부모님이 함께 산다면 은행에 갈 때, "은행에 다녀올게요."라고 말합니다. 이것은 부모님께 공손하고 공경한다는 것을 보여줍니다.
- 부모님이 어떤 일을 하든지 존중하고 지지해야 하며, 반대해서는 안 됩니다. 부모님의 뜻에 따라 부모를 지지해야지, 자기 뜻대로 해서는 안 됩니다.

- 부모님이 하라고 하는 것은 무엇이든 해야 합니다. 예를 들어 부모님이 쓰레기를 버려라, 공부해라, 밥 먹어라, 잠자라……라고 하면 그렇게 하세요.
- 부모님의 적절한 활동을 중단하거나 방해하지 마세요. 부모님이 절에 가기를 원하거나 절에 공양하기를 원하면 계속 그렇게 하도록 두세요. 실제로 부모님이 더 이상 운전할 수 없다면, 도와서 태워드리세요!

만약 당신의 부모가 문제가 있는 사람이고, 자녀를 양육한 '좋은' 부모가 아니라면 어떡할까요? 만약 아버지 또는 어머니가 더 많은 문제를 가지고 있어 당신에게 자상하지 않거나 책임질 수 없었다면 어떡할까요? 그러면 당신 자신 안에서 상냥함을 찾아야 합니다. 이 부모님이 당신을 이 세상에 나오게 했다는 것을 잊지 마세요. 부모님께 해드릴 수 있는 수준이라면 무엇이든 하세요.

부모님의 은혜에 보답하기 위해 우리 모두 효도해야 한다는 것을 살펴봤습니다. 또한 우리는 다른 어른들도 공경해야 합니다. 효도를 실천하는 것은 우리가 겸손함을 유지하고 더 나은 사람이 되는 데 도움이 될 것입니다.

효도는 아시아의 전통적이고 핵심적인 가르침 중 하나이지만, 다른 문화에서도 강조되고 있습니다. 효는 불교의 인륜의 도입니다.

마지막으로, 효에 대해 단지 이야기만 할 것이 아니라 실천해야 합니다. 부모님, 어른, 스승님, 조상님에 대한 우리의 행동을 통해 아이들에게 효도를 가르칠 수 있습니다. 우리가 효도하는 것을 보여주면 우리 아이들도 자동으로 효도할 것입니다.

선 수행법

선종은 선 수행을 전문으로 하는 불교의 종파입니다.

선 수행의 목적은 우리에게 내재된 지혜를 개발하고 이번 생에 깨닫는 것입니다. 선 수행자들이 지혜를 열기 위해 사용하는 주된 방법은 삼매, 즉 집중력을 개발하는 것입니다.

그러나 우리가 살펴본 바와 같이 깨닫기는 믿을 수 없을 정도로 어려우며, 한 생에 성취할 수 있는 사람은 거의 없을 것입니다. 그럼에도 불구하고 선 수행법은 진전의 속도를 빠르게 함으로써 많은 다양한 단계의 사람들을 이롭게 할 수 있습니다.

불교의 여러 종파가 모두 선 수행법을 사용하는 이유가 여기에 있습니다. 정토불교도 예외가 아닙니다. 특히 염불 수행력에서 진전해서 결국 염불삼매에 들어가려면, 선 수행법으로 집중력을 높이는 것이 큰 도움이 될 수 있습니다.

결가부좌로 앉는 것은 선의 핵심 비결입니다. 결가부좌 자세는 왼발을 오른쪽 허벅지 위에 올려놓고, 오른 다리를 왼쪽으로 교차해, 오른발을 왼쪽 허벅지 위에 올려놓습니다. 결가부좌로 앉을 수 있는 데는 시간이 걸릴 수 있지만, 대부분의 사람은 신체적으로 부상을 입지 않는 한 결가부좌로 앉도록 자신을 단련할 수 있습니다.

아직 결가부좌로 앉을 수 없는 사람들에게 반가부좌는 또 다른 선택입니다. 반가부좌는 왼발을 오른쪽 허벅지 위에 올려놓고, 오른발은 왼쪽 다리 아래에 놓습니다.

이 두 가지 가부좌 자세를 할 만큼 아직 유연하지 못한 사람들은 '편안한 자세'로 앉을 수 있습니다. 이것은 그저 다리를 교차한 평좌 자세로, 두 발 모두 맞은편 허벅지가 아니라 자기 앞쪽 바닥에 놓습니다.

어느 자세를 하든지 엉덩이를 높이는 명상 쿠션을 쓰지 않고 평평한 바닥에 앉는 것이 가장 좋습니다. 간단한 매트나 담요 위에 앉아 바닥에서 찬 기운이 올라오는 것을 막을 수 있습니다.

마지막으로, 바닥에서 다리를 교차해 앉지 못하는 사람은 의자에 앉아도 됩니다.

앉은 자세를 취한 다음, 손바닥이 위로 향하게 해서 오른손을 왼손 위에 포개어 발 위에 놓고 양쪽 엄지손가락 끝이 가볍게 닿도록 합니다. 이것을 선정인이라고 합니다.

좌선 중에 지켜야 할 몇 가지 일반적인 주의사항이 더 있습니다.

1. 편안한 옷을 입습니다.
2. 허리를 곧게 세우고 앉습니다. 결국 등 윗부분은 저절로 펴

질 것입니다. 하지만 무리하지 않고 등을 곧게 펴려고 하는 것은 나쁘지 않습니다.

3. 좌선 중에는 움직이지 않습니다. 코를 긁지 않습니다.

4. 눈은 감거나 3분의 1 정도 뜹니다. 눈을 살짝 뜰 경우에는 시선이 2야드(약 1.8m) 정도 앞쪽 아래로 향해야 합니다.

5. 시각적인 방해를 줄이기 위해 벽을 마주 보고 앉습니다.

6. 찬바람을 피합니다.

7. 필요할 경우 담요나 타월로 다리를 따뜻하게 합니다.

8. 머리가 춥다고 느낄 경우에 모자를 쓰지 않습니다. 자연적으로 따뜻해질 때까지 참고 견딥니다.

9. 추울 때에도 상체를 담요로 감싸지 않습니다. 대신에 더 많이 껴입으세요. 하지만 주위 환경을 약간 춥게 유지하는 것이 가장 좋습니다. 너무 따뜻하면 졸릴 것입니다.

10. 혀는 말아 윗니 뒤의 잇몸에 가볍게 닿도록 합니다. 이것은 중요한 경락을 이어주어 기의 흐름을 좋게 해줍니다.

11. 침이 고이면 삼킵니다.

앉아서 정토법을 수행하려면, 33장에서 설명한 대로 가부좌를 틀고 배꼽에 대고 염불하면 됩니다.

매일 좌선을 하는 것이 가장 좋습니다. 수행에 진지한 사람은 하루에 한 시간씩 앉아야 합니다. 다리를 풀지 않고 한 시간 동안 앉을 수 있는 능력을 기르려면 시간이 좀 걸릴 수 있습니다.

그러나 특히 결가부좌로 오래 앉을수록 삼매도 높아지고 염불도 더욱 효과적일 것입니다.

이렇게 오래 앉아 있으려면 다리와 허리의 통증을 다스리는 법을 배워야 할 것입니다. 결가부좌로 앉으면 특히 다리 통증이 극심할 수 있습니다.

통증을 견디는 능력을 키우는 좋은 방법은 가능한 한 오래 앉는 것부터 시작하는 것입니다. 그리고 타이머를 사용해 매일 2분씩 더 앉습니다. 이렇게 하면 앉아서 통증을 견딜 수 있는 능력이 점차 증가하게 될 것입니다.

이것은 여러분이 듣기를 기대했던 (또는 원했던) 것이 아닐 수 있습니다. 실제로 대부분의 다른 명상 방법은 가능한 한 편안하게 앉도록 권장하며, 즐거운 상태와 긴장 이완에 대해서만 이야기할 것입니다.

그러나 앉아서 통증을 견디는 것이 집중력을 높이는 선禪의 중요한 비결 중 하나입니다. 다행인 것은, 열심히 하면 이 방법으로 쉽게 진전할 수 있다는 점입니다.

사실 선 수행에서 통증과 마주하면 많은 이익이 있습니다. 자세한 내용은 우리의 『선 수행 지침서(The Chan Handbook)』를 참고하세요.

간단히 말해서, 다리 통증을 참고 견디면 망상을 줄이고 집중력을 높일 뿐만 아니라, 우리가 더 인내심을 갖도록 단련하고 온몸에 걸친 기의 흐름을 개선합니다. 질병은 몸의 기 흐름이 막혀서 생기기 때문에, 선 수행을 할 때 특히 치열하게 수행하고자 한다면 실제로 우리 자신을 치유할 수 있습니다.

행선 중에 염불하고 싶다면, 손을 좌선과 같은 선정인 자세로 배꼽 높이에 두고 엄지손가락 끝을 맞댑니다. 약 2미터 정도 앞 바닥을 보세요. 주위를 둘러보지 마세요. 단전에 주의력을 두고 자신의 염불 소리를 들으세요. 하루 종일 일상적으로 걸어 다니는 동안에도 염불할 수 있습니다.

결가부좌와 같은 선 수행 방법은 선과 정토를 함께 수행하는 선정쌍수에서 중요한 부분입니다. 이러한 병행 수행은 우리 자신의 삼매력을 개발하고, 아미타불의 힘에 의지해 서방정토 극락세계에 왕생할 가능성을 극대화하기 위한 것입니다.

또한 염불을 하면 화두를 관할 필요가 없습니다. 대신에 부처님 명호만 바다를 건너는 데 쓰는 뗏목으로 삼으면 됩니다. 단 한 순간도 부처님 명호를 감히 놓지 않습니다. 입으로는 염불하고 마음으로는 집중합니다. 각 음절이 마음에서 나와 입으로 또렷이 발음합니다. 마음은 맑고 밝으며, 탁하지 않고 어지럽지 않습니다.

여기에 관련된 비유가 두 개 더 있습니다. 첫째, 염불은 마치 고양이가 쥐를 주시하는 것과 같습니다. 완전히 주의를 집중해 정신을 바짝 차리고 털이 곤두섭니다. 둘째, 염불은 닭이 알을 부화하는 것과 같습니다. 암탉은 갈증이나 배고픔을 잊은 채 다른 모든 것을 배제하고, 부화의 행위에 전적으로 집중합니다. 이런 집중력으로 염불할 수 있다면, 비록 사지事持이지만 왕생을 확신할 수 있을 뿐만 아니라 진리도 깨칠 수 있습니다. 공곡空谷 선사의 말씀처럼, "염불하는 자가 누구인가를 참구할 필요가 없습니다. 곧고 순일하게 염불하면 언젠가는 깨달을 것입니다."

또한 우리가 염불과 선 수행을 하면 그야말로 진정한 선정쌍수라고 할 수 있습니다. 우리는 사지事持나 이지理持를 소홀히 하지 않습니다. 오히려 배를 타고 서방으로 가는 것과 같이, 풍력 (염불)뿐만 아니라 노(선)를 젓는 것에 모두 의지합니다.

영명연수永明延壽 선사의 말씀처럼, "선과 정토가 같이 있으면 마치 뿔 달린 호랑이와 같나니, 현세에 인간의 스승이 되고 다음 생에 부처와 조사가 되리."

제7부 맺음말

38

돌아올게요!

어떤 사람들은 정토에 갈 수 없다고 생각합니다. 왜냐하면 자신이 정토에 가는 것이 너무 이기적이라고 생각하기 때문입니다.

예를 들어 특히 아시아 문화권 출신의 많은 여성은 결혼이나 개인적인 행복을 포기하는 것과 같이 가족을 돌보기 위해 극단적인 희생을 하지 않으면, 가족에 대한 의무를 다하지 않는 것이라고 믿도록 길들여져 있습니다. 그러나 언제까지 그들은 이러한 희생을 계속해야 할까요? 한 생이 충분히 길지 않은가요?

더구나 아무리 좋은 의도가 있어도, 우리 자신이 아직 미혹할 때 사랑하는 사람들을 얼마나 도울 수 있는지에 한계가 있습니다.

진정한 이해를 얻어야만 진정으로 남을 도울 수 있습니다. 그렇지 않으면 종종 우리의 나쁜 충고를 통해 더 많은 미혹을 낳고, 다른 사람의 문제에 우리 자신을 개입함으로써 더 큰 부담이 됩니다.

더 구체적으로는 타인을 돕기 전에 출세간의 지혜를 개발해야

합니다. 다시 말해 먼저 아라한, 또는 더 높은 단계에 도달해야
합니다.

그러나 슬프게도, 우리 중 극소수만이 이번 생에 이런 고귀한
성취를 이룰 수 있을 것입니다.

이는 우리에게 정토법문의 또 다른 미묘한 면모를 보게 합니
다. 우리가 먼저 서방정토 극락세계에 가서 아미타불 아래에서
공부한다면, 아미타 부처님이 우리가 사랑하는 사람들을 가장
잘 구제할 방법을 가르쳐줄 것이라는 믿음을 가질 수 있습니다.

일반적으로 우리가 정토에 가면 업의 인연(업연業緣)을 가진 사
람들을 구할 능력과 지혜를 가질 때까지 이 사바세계로 돌아오
지 않을 것입니다.

그러나 특수한 상황과 올바른 조건 하에서, 아미타불은 비록
우리가 개인적으로 아직 준비되어 있지 않을지라도 우리를 돌려
보낼 수 있습니다.

예를 들어 여러분은 사랑하는 사람들을 구제하거나 정토로 보
낼 수 있는 능력 있는 스승을 찾도록 그들을 돕기 위해 일찍 돌
아올 수 있습니다. 사바세계에서의 임무가 끝나면, 여러분은 정
토로 돌아가 그곳에서 수행을 계속할 것입니다.

이런 경우는 사람들이 인식하는 것보다 더 자주 발생합니다.
정토법문은 해탈로 가는 대승의 방법이며, 대승의 목적은 하루
빨리 모든 중생을 제도하는 것이기 때문입니다. 따라서 위에서
설명한 것과 같은 '특수작전' 임무가 실제로 정토에서 수행의 흔

한 부분일 가능성이 있습니다.

이 모든 것은 오직 아미타불께서 우리를 지켜주고 있기 때문에 가능한 것입니다.

다만 아미타불께서 우리의 소원을 이루도록 도와줄 것이라는 믿음을 가지세요.

간단히 말해 우리는 두 가지에 주력해야 합니다.

1. 어떻게 해서든 바로 이 생을 마칠 때 반드시 정토에 태어나도록 하세요.
2. 떠나기 전에, 미래에 돕고 싶은 사람들을 구제하겠다고 원을 세우세요. 결국 조건이 무르익으면 아미타불께서 그 원을 이루도록 인도해 주실 것입니다.

   나무 서방정토 극락세계 아미타불!

   나무 서방정토 극락세계 아미타불!

   나무 서방정토 극락세계 아미타불!

39

선善으로 향하는 길

불교는 세계의 많은 주요 종교와 마찬가지로 선善으로 향하는 길이라고 볼 수 있습니다.

불교에서는 부처님이 원만한 선에 이르렀다고 봅니다. 정토불교는 모든 근기의 중생들에게 이 원만한 선의 경지에 이르러 부처가 될 수 있는 더 쉬운 길을 제공한다는 점에서 독특합니다.

이 목표를 향해 나아가면서 우리는 자신의 복을 헤아려야 합니다. 우리는 매우 얻기 어려운 사람 몸으로 태어났으니 운이 좋습니다. 대승 법을 만난 것도 행운입니다. 그러니 우리의 기회를 최대한 활용해야 합니다.

다음 이야기는 이 기회의 희유성을 잘 보여줍니다.

한때 부처님께서 시자인 아난과 함께 숲에서 걷고 있었습니다. 부처님께서 손으로 흙을 한 줌 집어 들고 아난에게 물으셨습니다. "대지의 흙이 많으냐? 내 손의 흙이 많으냐?"

아난이 "세존이시여, 당연히 대지의 흙이 훨씬 많습니다." 하고 대답했습니다.

"그렇다! 그렇다!" 부처님께서 말씀하셨습니다. "사람 몸을 받는 중생의 수는 내 손에 있는 흙의 양과 같고, 사람 몸을 잃는 중생의 수는 대지의 흙의 양과 같느니라."

더구나 대승 정토법은 말할 것도 없고 대승을 만나기도 어렵습니다. 그리고 법을 만난다고 해도 성공적으로 수행해서 깨달음을 얻는 것은 여전히 매우 어렵습니다. 그리고 성불의 궁극적인 목표는 깨달음보다 훨씬 달성하기 어렵습니다.

그러므로 우리는 더 짧고 곧바로 가는 성불의 길을 제시해주는 정토 가르침에 감사해야 합니다. 우리는 믿음, 발원, 수행의 세 가지 자량을 힘껏 키워, 이 미묘한 법문으로 정토에 왕생할 수 있도록 해야 합니다. 정토에서 우리는 다시는 괴로움을 겪지 않고 수행에 전념하는 가장 미묘한 삶을 누리게 될 것입니다.

결론적으로 믿음, 발원, 수행이 정토법의 세 가지 자량임을 상기하세요.

1. 믿음: 믿음을 가져야 합니다.
   - 특히 부처님의 지혜와 원력을 믿어야 합니다.
   - 자신을 믿어야 합니다. 우리는 이 대승 정토법을 만났으니 매우 복이 있습니다.
   - 정토법이 우리를 생사에서 빨리 벗어나도록 도와줄 수 있다고 믿어야 합니다.
2. 발원: 그다음에 큰 원을 세워야 합니다.

- 자원을 관리합니다.
- 자신의 운명을 제어합니다.
- 이러한 원은 세세생생 생명줄 역할을 합니다.

3. 수행
- 정진 수행으로 믿음을 증득합니다.
- 왕생 품위를 높입니다.
- 염불삼매를 개발합니다.
- 다른 사람을 도와줍니다.

정토법을 바르게 수행할 수 있다면 다음 생의 왕생을 잘 준비할 수 있고, 또한 이번 생에 큰 이익을 누릴 수 있습니다.

처음에 정토에 도달하려는 동기는 자신의 괴로움을 없애기 위함이고, 또 그래야 합니다. 그러나 궁극적으로 정토는 보살들의 수행처입니다. 그곳에서 지혜를 얻은 후, 우리는 예토로 돌아와 다른 중생을 이롭게 할 수 있습니다.

정토는 길의 끝이 아닙니다.

대승의 진정한 정신은 우리 각자가 수행력을 완성함으로써 결국 부처가 될 수 있다는 것입니다. 이것은 누구나 얻을 수 있는 진정으로 가장 위대한 성취입니다. 그리고 우리가 모두 다 할 수 있는 것입니다.

부처가 되면 완전한 깨달음을 이룰 것입니다. 그러면 우리의 사바세계와 같은 예토로 돌아가 수많은 중생을 구제할 수 있습

니다. 중생을 태워 생사의 험난한 바다를 건너 피안, 즉 열반의
영원한 행복으로 인도할 수 있습니다.

제8부 부록

Q&A 문답

Q&A에는 정토불교에 대한 오해를 분명히 밝히는 데 도움이 될 수 있는 질문 및 관심사가 수록되어 있습니다.

여러분에게 질문이 있으시면 우리 웹사이트에 있는 문의 양식을 통해 질문하실 수 있습니다(www.ChanPureland.org). 또한 질문을 이메일로 보내셔도 됩니다(askbli@chanpureland.org). 우리는 여러분의 질문에 가능한 빨리 답변할 것입니다.

인터넷에 연결되어 있지 않은 경우, 다음의 주소로 일반 우편으로 질문을 보내셔도 됩니다.

보산사寶山寺
충북 청주시 흥덕구 강내면 태성탑연로 377

여산사廬山寺
Lu Mountain Temple
7509 Mooney Drive
Rosemead, CA 91770
USA

위산사潙山寺
Wei Mountain Temple
7732 Emerson Place
Rosemead, CA 91770
USA

비불자와 정토

Q : 서방정토 극락세계에 왕생하려면 불교 신자여야 하나요?

A : 전혀 그렇지 않습니다.

아미타 부처님은 불자와 비불자를 분별하지 않습니다. 많은 비불자들이 이미 왕생했습니다.

반드시 계율을 지키거나 삼매력 또는 지혜가 있어야 왕생할 자격을 갖추게 된다고 사람들이 말하는 루머를 믿지 마세요. 정토 수행의 세 가지 자량을 통해 왕생복을 쌓으면 좋은 기회가 있을 것입니다.

악한 사람과 정토

Q : 어떻게 악한 사람들이 정토에 왕생할 수 있나요?

A : 악한 사람도 정토에 왕생할 수 있습니다. 만약 그들이 이번 생에 지은 악에 대응하는 복을 전생에 충분히 쌓았다면요.

이게 공평한가요? 예, 그렇습니다. 만약 모든 전생을 선한 일을 하는 데 보냈다면, 한 생의 악으로 벌을 받아서는 안 됩니다.

그런데 정토는 가장 악한 사람들에게 완벽합니다. 다 정토에 보내버립시다.

왜 그럴까요? 만약 악한 사람들이 정토에 왕생한다면 이 세상에는 고통이 덜할 것입니다. 그들이 지혜를 좀 얻으면, 악을 행하고 다른 사람들을 해치는 패턴을 멈출 것입니다. 악한 사람들이 선해질 수밖에 없는 곳에 왕생하는 것은 그렇게 나쁜 '징벌'이 아닙니다!

죽은 후 49일 기간이 지난 고인을 위한 도움

Q : 죽은 지 49일이 지난 이들을 위해 우리가 무엇을 할 수 있을까요?

A : 고인을 위해 왕생 위패를 모실 수 있습니다.

죽은 후 49일 동안은 고인이 다음 몸을 선택할 기회가 있는 기간이기 때문에, 죽은 지 49일 이후에 왕생을 도와주는 것은 덜 이상적이지만, 여전히 그들을 위해 왕생복을 지어 줄 수 있습니다.

이것은 그들의 계좌에 왕생복을 예치하는 것과 같습니다. 왕생을 위한 복이 필요한 것 외에도, 그들은 현재의 몸으로 인한 장애를 극복하기 위해 복이 필요하기 때문에 시간이 조금 더 오래 걸립니다. 그들에게 충분한 복이 있으면 서방정토 극락세계로 왕생할 수 있습니다.

나이 들고 아픈 친척을 위한 도움

Q : 나이 들고 아프신 할아버지를 제가 어떻게 도울 수 있을
까요?

A : 형편에 따라 다음을 할 수 있습니다.

할아버지의 통증과 고통을 덜어주는 데 도움을 주는 약사여
래불 위패를 모시세요.

할아버지를 위해 49재를 모시세요. 할아버지께서 세상을 떠
나시기 전에 모실 수 있다면, 그 효과를 극대화할 수 있을 것
입니다.

지금 할아버지의 왕생복을 쌓기 위해 왕생 위패를 모시세요.

나쁜 상태에 있는 친척 꿈

Q : 저는 돌아가신 이모가 슬퍼하는 꿈을 자주 꾸곤 합니다. 제가 이모를 위해 무엇을 할 수 있을까요?

A : 이것은 『지장경』에 설명되어 있습니다. 죽은 친척들이 가끔 우리 꿈에 나타나 도와달라고 합니다. 그들이 끌어모을 수 있는 모든 복으로 그렇게 하는 것입니다. 그들의 비참한 상태를 우리에게 알리는 것입니다. 그들의 고통을 덜어주기 위해 우리는 자비로워야 하고 복을 짓도록 도와주어야 합니다. 형편이 된다면 왕생 위패를 모셔서 서방정토 극락세계로 보내드리세요.

왕생의 증거

Q : 사람들이 정토에 왕생했다는 어떤 증거가 있나요?

A : 중국인은 각계각층에서 왕생한 사람들에 대한, 수천 년 전으로 거슬러 올라가는 많은 기록이 있습니다.

당신을 납득시키는 것은 우리의 일이 아닙니다. 종교는 개인적인 문제입니다. 우리는 모든 사람을 개종시키려고 노력해야 한다고 생각하지 않습니다. 우리는 불자와 비불자를 분별하지 않습니다.

우리는 당신이 부처님과 보살님의 말씀을 믿기를 권합니다. 하지만 믿지 않아도 괜찮습니다.

만약에 왕생이 사실일 경우에 대비하여, 당신이 왕생의 기회에 투자하는 것이 가치가 있다고 생각하기를 바랍니다. 사람들은 고급 자동차, 보트, 그리고 정말로 필요하지 않은 다른 것 등 하찮은 것들에 훨씬 더 많은 돈을 씁니다.

복이 충분히 있으면 왕생에 투자할 것입니다.

저의 종교는 불교 공부를 금지합니다

Q : 저의 종교가 불교 공부를 금지하면 어떻게 할까요?

A : 그러면 공부하지 마세요. 양심을 가지고 살아야 합니다. 양심을 거스르라고 충고할 수는 없습니다.

그러나 머리를 쓸 수 있다면 열린 마음을 가지도록 노력해야 합니다.

저는 자유롭게 사는 것을 좋아합니다. 저는 각각의 개인을 깊이 존중합니다. 저는 그들의 선택을 지지할 만큼 그들을 존중합니다.

만약 저의 제자들이 다른 종교 신앙을 추구하거나 따르기를 바란다면 언제든지 환영합니다. 왜일까요? 저는 제자들과 사이가 좋길 바랍니다. 그러면 제자들이 더 나은 길을 찾을 경우 돌아와서 저를 구해줄 테니까요.

자녀에게 당신과 같은 길을 가도록 강요하지 않기를 바랍니다. 아이들을 사랑한다면, 아이들이 스스로 선택하도록 하세요. 있는 그대로 인정해 주세요.

불교의 국적

Q : 정토는 국적이 있나요? 베트남 정토인가요, 중국 정토인가요?

A : 둘 다 아닙니다.

저는 베트남인이고, 중국인과 베트남인 스승님 밑에서 수행했습니다. 저는 불교를 영어로 설명하고, 법문을 듣는 사람들을 위해서 다양한 언어로 통역됩니다. 우리 법문과 강의의 대부분은 베트남어, 중국어, 한국어로 통역됩니다.

저의 수행을 지지하고 지원해준 미국인들의 아낌없는 넉넉한 마음과 친절함에 보답하기 위해 저는 영어로 말합니다. 고인이 된 스승님들의 은혜와 자비에 보답하기 위해 제가 설하는 법을 중국어와 베트남어로 들을 수 있게 하고 싶습니다.

우리에게는 한국어, 일본어, 스페인어, 프랑스어 등 다른 언어를 구사하는 신도들이 있습니다.

불교는 국가나 정치적 경계가 없습니다. 불교의 각각의 전통이 저마다 독특한 장점과 이점을 가지고 있다는 것을 인식하는 것이 중요합니다.

미국인으로서 저는 대만이든 캄보디아든 러시아든 각각의
전통 중에서 가장 좋은 것을 골라 배우는 것을 선호합니다.
저는 최고에게 배우고 싶고 그보다 못한 것에 만족하지 않을
것입니다. 이것이 우리가 보급하는 대승입니다.

염불 실력 개발

Q : 어떻게 하면 제 염불 실력을 높일 수 있을까요?

A : 염불삼매를 어떻게 높일 수 있는지를 의미한다면, 바른 방법
이 필요합니다.

가장 맛있는 요리를 만들기 위해 훌륭한 레시피가 필요한 것
처럼, 바른 방법이 없으면 잘할 거라고 기대할 수 없습니다.

중요한 것은 능력이 있는 스승을 찾는 것입니다. 그는 당신
이 알아차리는 것보다 훨씬 더 많은 것을 해줄 것입니다. 최
소한 당신이 수행에서 진보하도록 할 것입니다.

좋은 스승은 절대 당신의 시간을 낭비하지 않습니다.

염불에 전념

Q : 대부분의 스승님은 염불에 전념하라고 권합니다. 즉 정토 수
행을 하라고 합니다. 그런데 스님은 왜 정토와 선을 함께 닦
으라고 하시나요?

A : 우리 제자들의 염불 실력을 향상시키기 위해 우리는 선 수행
법을 사용합니다. 꽤 효과가 있는 것 같습니다.
수승한 선 수행법은 지난 몇 년 동안 큰 잠재력을 가진 제자
들이 훨씬 더 빨리 진보하는 데 도움을 준 것 같습니다.
선과 정토를 둘 다 이해한다면, 선과 정토가 정말 하나이고
같다는 것을 알게 될 것입니다. 이해할 때까지 지도에 따르
면 결국 알게 될 것입니다.

정토 수행을 하기에는 너무 어려요

Q : 젊은 사람들에게 정토를 권하시겠습니까?

A : 예, 저는 모든 연령대의 사람들에게 정토를 권하고 싶습니다. 저의 한 미국인 제자는 동남아시아에 사는 사촌이 있었습니다. 그 사촌이 겨우 23살이었을 때, 이웃의 차가 그 사촌의 오토바이와 부딪쳐 세상을 떠났습니다.

이곳 미국에서 저는 30대의 한창때 예기치 않게 사망한 친척이 있는 가족들을 만나기도 했습니다.

우리 불자들이 말하듯이, 저승사자는 언제든지 올 수 있습니다.

저의 제자들은 겨우 세 살밖에 안 된 자식들을 위해 왕생 위패에 투자하기도 했습니다.

오신채를 먹지 말아야

Q : 양파와 마늘을 먹지 말아야 하나요?

A : 예. 그렇게 하면 염불 수행을 향상하는 데 큰 도움이 될 것입니다.
사실 다른 사람들의 서방정토 극락세계 왕생을 돕는 것에 진지한 출가자들은 양파, 파, 마늘, 부추, 샬롯 등 자극적인 채소는 수행의 효용에 해롭기 때문에 먹지 않도록 주의해야 합니다.

망자를 위한 조념염불

Q : 최근에 돌아가신 분들을 위해 조념염불助念念佛하는 염불단
체에 참여하는 것이 좋은 일인가요?

A : 죽은 사람들에게 왕생의 기회를 갖도록 도우려는 것은 매우
좋은 전통이자 자세입니다. 그러나 특히 그렇게 하는 것은
우리가 다른 사람의 일에 직접적으로 간섭하고 있다는 것을
의미하기 때문에 문제가 많습니다.

망자가 과거에 빚진 이들(원친채주冤親債主)의 공격 대상이 된
다는 사실을 깨닫는 사람은 거의 없습니다. 원친채주는 망자
가 도피하기를 바라지 않습니다. 여기서 우리는 채무 해결에
개입하고 있습니다. 만약 당신이 빚을 받아낼 이라면 기분이
어떨까요?

왕생주를 외우고 기도를 해 망자를 돕고 왕생복을 지어 주는
교육을 받은 스님들은 이런 점에서 전문가들입니다. 이러한
노력은 간섭에 해당하지만 교육을 통해 그들은 이것을 다룰
준비가 되어 있고, 보통 사람들에게 없는 어느 정도의 보호
를 받습니다. 만약 당신이 그러한 조념염불단체에 참여함으
로써 간섭을 선택한다면, 당신은 그것이 결과를 가져온다는

것을 알아야 합니다. 당신은 보복의 대상이 될 수 있습니다. 저는 당신의 사찰이 원친채주의 잠재적인 보복으로부터 당신을 보호하기 위한 조치를 취하길 바랍니다. 만약 그들이 그렇게 하지 않으면, 당신은 위험에 처할 수 있습니다. 그들이 그렇게 하는지 어떻게 알까요? 물어보지 않아도 됩니다. 그들은 당신이 조념염불에 참여할 때 해야 할 것과 하지 말아야 할 것을 알려 주어야 합니다. 만약 그들이 그렇게 하지 못한다면, 그들은 당신을 보호할 수 없을 가능성이 있습니다.

혼자 정토불교를 수행하는 것

Q : 정토 수행의 주요한 목표 중 하나는 왕생하는 것입니다. 집에 있으면서 수행에 전념하고 다른 사람으로부터의 오염을 최소화하는 것이 더 좋지 않을까요?

A : 아닙니다. 정토 수행을 하려면 바른 방법을 배워야 합니다. 능력 있는 스승의 바른 지도가 있어야 더 낫습니다. 스승이 조언해줄 때까지 혼자 수행하지 말 것을 조언 드립니다.

저는 대중이 함께 수행하는 '대중법大衆法'을 주장합니다. 우리 사찰에서 사용하는 특별하고 훌륭한 수행 방법입니다. 이것이 혼자 수행하는 것보다 훨씬 낫습니다.

마지막으로, 수행은 좋습니다. 수행에서 지속적으로 진전하는 것이 더 좋습니다.

저의 사형 스님은 그저 수행만 하고 싶었습니다. 저의 사형 스님이 아무런 방해 없이 수행할 수 있도록 그의 가족은 사막에 있는 작은 집을 사주었습니다. 사형은 지금 4년째 수행하고 있고, 아무런 진보도 없습니다. 사실 사형은 자아가 커졌기 때문에 다소 퇴보하고 있으며, 남의 말 듣기를 거부합니다.

다른 사람의 도움에 의존하다

Q : 어떤 사람들은 게으릅니다. 그런데 서방정토 극락세계에 왕
생하기를 바랍니다. 그들은 왕생복을 쌓기 위해 왕생 위패를
모십니다. 그렇게 되면 그들은 자신이 노력해도 큰 차이를
만들 수 없다고 생각하기 때문에, 안일하게 되고 염불을 열
심히 안 하지 않을까요?

A : 지은 왕생복의 질이 높다면 이런 일은 일어나서는 안 됩
니다.
왕생복이 상당한 수준까지 쌓이면서 수혜자들은 더 좋은 쪽
으로 바뀔 것입니다. 그렇지 않다면 도량을 바꾸는 것에 대
해 고려하는 것도 나쁘지 않을 것입니다.
불행하게도 당신에게는 등급평가기관이 없습니다. 저는 이
러한 왕생 문제에 있어서 어떤 종류의 등급평가도 신뢰하지
않을 것입니다. 왜냐하면 이해하는 사람은 절대로 다른 사람
을 평가하지 않기 때문입니다.

염불만 하고 싶어요

Q : 저는 염불 수행을 합니다. 만약 제가 참회, 독경, 주력 등의 수행도 하면 역효과를 낼까요? 그렇게 하면 저의 염불이 중단되어 일심이 되는 것이 어려워지지 않을까요?

A : 전혀 아닙니다. 당신의 문제는 무엇을 해야 하는지가 아니라, 어떻게 하느냐입니다.

정토 수행에는 높고 낮음이 없습니다. 어떤 수행법이 자신에게 가장 잘 맞는지 당신은 알 수 없습니다. 그러나 선지식은 어떤 수행에 전념해야 하는지 잘 알려줄 수 있습니다.

정토불교 수행은 그저 염불만 하는 것이 아닙니다. 이는 책을 통해 독학으로만 배운 불자들에게 흔히 있는 오해입니다. 그들은 모두 한 가지 수행법에만 전념해야 일심이 될 수 있다고 생각하는 것 같습니다.

그 책들에서 언급하지 않은 것은, 선지식이 말해주기 전까지는 특정한 한 가지 수행에만 전념해서는 안 된다는 것입니다!

30여 년 전에 돌아가신 부모님을 돕다

Q : 우리 부모님은 돌아가신 지 30년이 더 지났습니다. 만약 우
리가 부모님을 위해 왕생 위패를 모셨는데, 부모님이 이미
(법을 수행할 수 없는) 인간으로 태어났다면 위패가 어떻게 부
모님에게 도움이 될까요? 만약 부모님이 어떻게 수행할지 또
는 어떻게 불교를 믿을지 모른다면 왕생 위패가 도움이 될까
요? 만약 부모님이 삼악도에 떨어졌다면 우리는 어떻게 해야
하나요?

A : 부모님을 위해 왕생 위패를 모시는 것은 저축계좌를 개설해
서 왕생복이 정기적으로 입금될 수 있게 하는 것과 같습니
다. 왕생복이 충분할 때, 조건이 성숙하면 부모님은 왕생할
것입니다.

수행으로 지은 공덕을 부모님에게 회향할 수도 있지만, 진정
으로 돕고자 한다면 왕생 위패를 모시는 것이 가장 좋습니
다. 이렇게 하면 변화를 가져오도록 교육받은 출가자로부터
'전문적인 도움'을 받게 될 것입니다.

보장은 없습니다. 그저 부모님을 도울 수 있는 최선의 방법
을 찾아야 합니다. 최선을 다해 도와드리는 데 만족하세요.

적어도 당신은 부모님을 위해 무언가를 할 수 있습니다. 할 수 있을 때 하세요. 예를 들어 동물은 부모님을 위해 많은 것을 할 수 없습니다!

공양을 많이 하면 할수록 부모님은 더 빨리 왕생할 것입니다.

동성애자도 왕생할 수 있나요?

Q : 게이가 정토에 들어갈 수 있나요?

A : 예, 게이도 정토에 갈 수 있습니다.

부처님은 우리처럼 분별하지 않습니다. 부처님은 부처님의
땅에 갈 수 있는 충분한 복을 가진 사람은 누구든지 환영할
것입니다.

저는 그들이 정토에서 훨씬 더 행복할 것이라고 덧붙이고 싶
습니다.

동성애 불자

Q : 게이도 불자가 될 수 있나요?

A : 예, 게이도 불성이 있고 성불할 수 있습니다. 성불로 가는 가
장 빠른 길은 불자가 되어 계율을 지키는 것입니다.

소리 내어 염불할까요, 소리 없이 염불할까요?

Q : 한 스님은 큰 소리로 염불하는 것이 가장 공덕이 크다고 했습니다. 또 다른 스님은 소리 내지 않고 조용히 염불하는 것이 더 공덕이 있다고 했습니다. 누구 말이 맞나요?

A : 둘 다 맞지 않습니다.
당신의 주요 목표 중 하나는 염불 수행을 하는 것입니다. 그것을 어떻게 성취하느냐는 중요하지 않습니다. 큰 소리로 염불하는 것이 집중을 더 잘하는 데 도움이 되면 분명히 그렇게 해야 합니다. 반면에 소리 내지 않고 조용히 하는 염불은 아마도 피곤하거나 목이 쉬었을 때 더 좋을 것입니다.

Q : 분명히 말씀드리는데, 그분들은 저의 스승님이 아닙니다.

A : 당신은 스승이거나 스승이 아니라는 상에 아직 집착하는 것 같습니다.

문제 & 어려움

Q : 저는 괜찮은 삶을 살았습니다. 그런데 왜 여전히 많은 문제
　　와 어려움이 있는 걸까요?

A : 이러한 어려움은 전생에 지은 업의 빚입니다. 그렇기 때문에
　　지혜로운 사람은 나쁜 원인을 심는 것을 두려워하고, 미혹한
　　사람은 원치 않는 결과만을 두려워합니다.

전쟁의 피해자

Q : 원인과 결과 사이에 직접적인 관계가 있다면, 저는 전쟁에
나가고 싶지 않았고 참전을 선택하지 않았는데도, 왜 저는
전쟁의 결과로 고통을 겪었을까요?

A : 과보에는 두 가지가 있습니다.

①정보正報: 오직 자기 자신만이 결과를 받습니다.

②의보依報: 전쟁이나 기근과 같이 대규모 업의 행위의 결과
를 집단이 받아야 합니다.

개인 또는 정당, 기업, 사회조직 등의 단체로부터 감지되는
갈등이나 적대감으로 괴로울 때는 그들에 대한 비난을 멈추
고 그들과 공통점을 찾아야 합니다.

우리만 옳다고 우길 것이 아니라 함께 일하고 조화롭게 기능
하는 법을 배워야 합니다. 우리는 서로 연결되어 있습니다.

진보에 반대하는

Q : 진보를 위해서는 열심히 노력하고, 이를 위해 싸워야 합니다. 불교는 너무 소극적인 것 같습니다. 부처님은 진보에 반대하나요?

A : 부처님은 진보에 반대하지 않습니다. 부처님은 자신을 노예로 만들거나 다른 사람들을 파멸시키는 대가를 치르는 진보에 반대할 뿐입니다. 진보는 건설적으로 얻어질 때 바람직합니다. 만약 우리의 목표 추구에 노예나 무자비함이 수반된다면 진정한 진보는 없습니다.

선 수행자들은 왜 염불하지 않나요?

Q : 저는 수행의 목표 중 하나가 삼악도에 떨어지는 재앙을 피하는 것이라고 이해합니다. 왜 선 수행자들은 염불하지 않는 것일까요?

A : 제가 대신 대답할 수는 없습니다. 당신이 직접 물어봐야 할 겁니다.
하지만 제가 어떻게 느끼는지 말씀드릴 수 있습니다.
수행할 때 지나치게 자신만만해지지 않도록 주의해야 합니다.
선 수행자들이 이번 생에 깨달을 것이라고 확신하지 않는 한, 염불하고 바로 이 생을 마칠 때 정토로 왕생을 구하는 것이 더 낫습니다.
예, 어느 정도 잠재력이 있고 진실로 열심히 노력하려는 사람은 이 생에 깨닫기 위해 정진할 수 있습니다. 그러나 이 목표에서 성공하는 것이 얼마나 어려운지 앞에서 이미 다루었고, 여기에는 어떠한 보장도 없습니다. 그러므로 염불을 해서 실패에 대비한 보험에 들 것을 권하고 싶습니다.

다른 불퇴전의 방편

Q : 우리는 아미타불 염불로 불퇴전을 얻을 수 있습니다. 다른
   방편은 없나요?

A : 정토에 도달하면 불퇴전을 얻을 것입니다. 그러므로 정토종
   에는 염불 외에도 왕생을 돕는 법이 많이 있습니다. 예를 들
   어 예참, 왕생주 수지, 정토를 장엄하는 회향, 경전 독송 등이
   있습니다.

염불할 때 나타나는 이상한 현상

Q : 저녁에 염불할 때, 저는 종종 이상한 현상을 알아차립니다.
왜 그런지 말씀해주시겠어요?

A : 그것은 아마도 보이지 않는 존재들로 인한 것일 겁니다.

염불을 하면 그 지역의 존재들에게 매우 이롭습니다. 그러므
로 그들이 왕생의 씨앗을 심도록 도와준 당신에게 감사를 표
하기 위해 올 수도 있습니다.

예를 들어 낙태를 몇 번 한 사람이 있었습니다. 그녀는 정신
적으로 괴롭힘을 당하는 것처럼 종종 마음이 편치 않았습니
다. 그녀는 이상한 소리를 자주 들었습니다. 그녀가 우리의
염불 오디오 파일을 틀면, 그 소리는 즉시 멈추곤 했습니다.
때로는 마치 누군가가 자신의 팔을 쓰다듬는 것같이 느꼈습
니다. 만약 그녀가 그들에게 왕생을 위한 우리의 도움을 받
기 위해 행동을 잘하라고 큰 소리로 말한다면, 그들은 문제
를 일으키는 것을 멈출 것입니다.

보이지 않는 존재들이 왕생하고 고통에서 벗어나려고 도움
을 구하고 싶을 때, 우리의 주의를 끌기 위해 현상을 나타내
는 것은 드문 일이 아닙니다.

낙태

Q : 저는 낙태를 했습니다.『지장경』을 독송할 때, 공덕을 아이에게 회향하려면 어떻게 해야 하나요?

A : 낙태된 아기들은 커다란 고통을 겪으며 여전히 부모 곁을 맴돌고 있습니다. 왜냐하면,
①그들은 부모를 사랑합니다.
②그들은 또한 부모의 잔인한 행동 때문에 부모를 미워합니다.
그러므로 그들이 고통에서 벗어날 수 있도록 돕기 위해 복을 지어 주어야 합니다.
『지장경』을 독송하는 것은 아기에게 매우 이롭습니다. 경전을 세 번 독송하고 공덕을 아기에게 회향해야 합니다. 이것은 아기를 삼악도에서 벗어나게 하는 데 도움을 주는 경향이 있습니다.
더 좋은 것은, 아기가 계속 윤회하지 않고 아미타불의 정토에 왕생할 수 있도록 도와주기 위해, 대승 사찰에 왕생 위패를 모시는 것도 고려해야 합니다.

말하면서 염주를 사용하는 것

Q : 저는 경전 강의를 듣거나 다른 사람들과 이야기를 나누면서
자주 염주를 사용합니다. 이것이 적절한가요?

A : 염주는 부처님 이름을 기억하게 해주는 훌륭한 도구입니다.
그런데 남의 흉내를 내서 염주를 아무 생각 없이 사용하면
안 됩니다.
염주를 사용하는 올바른 방법은 염주 한 알을 넘길 때마다
부처님의 이름을 한 번 외우는 것입니다. 서서히 염불이 자
동으로 됩니다. 이것은 대부분의 사람이 하듯이 부처님의 이
름을 외우거나 기억하지 않고 그저 물리적으로 염주 알을 굴
리는 것과는 다릅니다. 따라서 제대로 하면 강의를 듣거나
다른 사람들과 이야기를 나누면서 염주를 사용해도 됩니다.
개인적으로 저는 염주를 사용하는 것을 좋아하지 않습니다.
왜냐하면 제가 염불하고 있다는 것을 드러내 보이기 때문입
니다. 그것은 자신을 광고하는 것으로 해석될 수 있습니다.
저는 조용하게 수행하는 것을 좋아하고 저 자신에게 주의를
끄는 것을 피합니다. 진정한 수행은 수행하면서 다른 사람들
과 어우러지는 것입니다.

염주 사용

Q : 염주를 어떻게 사용해야 하나요? 특히 가장 큰 모주에 이르렀을 때요.

A : 염주를 돌릴 때 모주에 이르러 특별한 것을 할 필요가 없습니다. 염불할 때는 구슬을 분별하지 말아야 합니다.

진짜 수행력이 있다면 부처님이 와도 주의를 기울이거나 흥분하지 않을 것입니다.

염불 수행은 어떤 분별도 없이 해야 합니다. 이렇게 하면 염불삼매에 들기가 훨씬 쉬울 것입니다.

과거의 빚진 이들

Q : 몸의 외상이 과거에 지은 죄의 결과라고 보는 것이 맞나요?
저는 염불에 집중하다 보면 많은 장애를 만납니다. 인연에
따르고 공덕을 과거의 빚진 이들(원친채주冤親債主)에게 회향
하라는 조언을 들었습니다. 어떻게 하는 것이 적절한가요?

A : 맞습니다! 상처를 입는 것은 과거의 업에 대한 과보입니다.
염불을 하거나 일반적으로 수행을 할 때 장애와 어려움에 부
딪히게 될 것입니다. 시험은 다음의 몇 가지 형태로 올 수 있
습니다.
①업장業障: 예를 들어 일이 뜻대로 되지 않습니다.
②보장報障: 예를 들어 과거에 당신이 누군가의 수행을 방해
했고, 지금은 그가 앙갚음하기 위해 당신을 방해하러 옵니
다. 이 경우는 일반적으로 과거의 빚진 이들(원친채주)의 장
애라고 합니다.
③번뇌장煩惱障: 장애와 어려움이 큰 문제는 아니지만, 그럼
에도 불구하고 그것들이 큰 문제라고 느끼고, 매우 번뇌하
고, 그만두게 됩니다.
이런 맥락에서 '인연에 따른다'가 무엇을 의미하는지 저는

확실히 알 수 없습니다. 당신은 이 말을 해준 사람에게 명확히 확인해야 합니다.

장애나 저항에 부딪힐 때는 불평하거나 번뇌하지 말고, 참을성 있게 감내해야 합니다. 문제를 해결하는 법을 배우지 않고 어떻게 진전을 이룰 수 있나요? 시험에 통과하지 않고 졸업장을 받을 수 있나요?

선지식은 장애에 대처하는 방법을 배울 수 있도록 가르치거나 도와주어 진전을 이루게 할 수 있습니다. 각 단계에서 수행자는 구체적인 대응 조치가 필요하며, 일반화할 수 없는 다양한 장애를 만나게 됩니다.

기독교인을 위한 사후 49일

Q : 안녕하세요.

저는 독실한 기독교 신자입니다.

우리 어머니께서 최근에 돌아가셔서, 저는 49일 기간이라는 불교 개념에 관심이 많습니다.

하나님과 가까이 있고 싶어 하는 사랑하는 어머니를 돕기 위해 제가 무엇을 할 수 있을까요?

A : 애도를 표합니다.

49일 기간에 대한 불교의 가르침은 대부분의 사람이 죽은 후에 어떤 일이 일어나는지에 대해 설명합니다.

어머니께서 돌아가신 후 49일 동안, 하나님께 가까이 다가가 어머니를 대신해 기부함으로써 당신은 더 나은 삶을 얻으려는 어머니의 원인을 도울 수 있습니다. 예를 들어 당신은 자선단체에 돈을 기부하거나 교회의 새 건물 짓는 것을 도울 수 있습니다.

이렇게 하면 어머니의 미래의 삶과 어머니가 원하는 것을 이루는 데 큰 도움이 될 것입니다.

잘되기를 바랍니다.

아미타불 이전의 부처님?

Q : 아미타불! 안녕하세요.

스님, 저는 오랫동안 이 문제에 대해 곰곰이 생각해 왔습니다. 명확히 할 수 있도록 도와주세요.

스님, 불교에서 어느 부처님이 아미타불 이전에 부처가 되셨나요? 부디 자비롭게 가르쳐주세요.

아미타불.

A : 셀 수 없이 많은 부처님이 아미타불 이전에 부처가 되었습니다.

왜 그게 당신한테 중요한가요?

당신에게 가장 중요한 고려사항은 자신이 빨리 부처가 되기 위해 이번 생에 무엇을 해야 하는가 하는 것입니다.

고기를 먹는 것과 염불

Q : 스님!

다음에 대해 명확히 할 수 있도록 도와주세요.

①저는 꽤 오랫동안 염불을 해왔지만, 업무로 인한 일정상 충돌 때문에 정해진 시간에 하지 못하고 있습니다. 걸으면서 하든 손으로 일을 하면서 하든, 평소에 저는 어디에서나 항상 염불합니다. 이렇게 염불하는 것이 조금이라도 이로운지 아닌지 궁금합니다. 왜냐하면 저는 부처님의 이름을 염송하는 대신 부처님을 계속 불렀을까 봐 걱정되기 때문입니다.

②저는 고기와 생선을 먹으면서 종종 염불하곤 했습니다. 제가 죄를 짓고 있나요? 제 질문은 제가 염불을 하지만 채식을 하지 않으면 죄를 짓게 되나요?

스님께서 자비롭게 가르쳐주셨으면 합니다.

A : 고민을 우리와 공유해주셔서 고맙습니다.

①낮에 할 수 있을 때마다 염불을 잘하고 있습니다. 지극한 존경심과 신심으로 염불하면 더 이로울 것입니다. 왜냐하면 부처님의 명호는 당신의 마음이 낼 수 있는 가장 자비롭고 건전한 생각을 나타내기 때문입니다.

②식사하면서 염불하는 것은 아무런 죄가 되지 않습니다. 염불에 더 능숙해지고 나면 마음이 더 자비로워지고 깨끗해지기 때문에, 자연히 고기와 생선에 대한 욕망이 사라지게 될 것입니다.

다른 사람을 위해 염불해서 몸이 아파요

Q : 스님, 우리 절에는 신도들이 많습니다. 그래서 신도님들의
가족이나 친척이 돌아가시면, 그분들을 위해 우리가 염불하
러 가야 하는 경우가 많습니다.
염불을 8시간 동안 계속하는 것이 정말 도움이 되나요?
저는 갈 때마다 몸이 아팠습니다. 지나친 음기 때문인가요?
다른 사람들을 위해 염불할 때 문제가 생기는 것을 피하려면
어떻게 해야 하나요? 못 간다고 할 수는 없습니다.

A : 염불을 많이 하면 할수록 좋은 것은 고인을 위해 더 많은 공
덕이 지어지기 때문입니다. 8시간의 마법은 실제로 없습니
다. 중요한 것은 사후 49일 기간 내에 복을 지어 주는 것입
니다.
만약 조념염불을 하기로 선택한다면, 당신은 다른 사람의 일
에 끼어드는 결과에 대한 대가를 치를 준비가 되어 있어야
합니다.
저는 재가자들이 좀 더 조심해서 이런 조념염불 의식에 관여
하지 않기를 바랍니다. 이것은 큰일이고 출가자의 지도가 필
요합니다. 더 중요한 것은, 이 영적인 과정의 심각성을 진정

으로 이해하는 스님들이 자동으로 당신을 보호해 줄 것이라는 점입니다. 왜냐하면 그들은 당신에게 업보를 초래하는 다른 사람의 일에 관여하도록 하기 때문입니다. 만약 출가자들이 결과에 대한 설명이 없거나 당신을 보호해주겠다는 제안을 하지 않고 당신에게 가서 염불을 도와달라고 한다면, 개입을 재고해야 합니다.

만약 그들의 부탁을 거절할 수 없다고 느낀다면, 당신이 정말로 도움을 주고 있는지 자신에게 물어봐야 합니다.

당신에 대한 그들의 잘못된 신뢰를 정중하게 거절하는 것이 훨씬 낫습니다. 망자가 중대한 시기에 직면하고 있다는 것을 그들에게 설명하고, 망자에게 큰 도움이 되지 않는 유가족을 위한 '쇼'를 선택하는 대신, 효과적인 도움을 구하라고 그들에게 조언합니다. 자격이 있는 사람들에게 도와달라는 부탁을 넘기는 것이 그들의 알 수 없는 희망에 복종하는 것보다 훨씬 낫습니다.

염불하고 절만 하고 싶어요

Q : 스님, 저는 불교에 대해 잘 모르니 스님께서 가르쳐주셨으
면 좋겠어요. 아침에 저는 15분 동안 부처님께 절을 하고 싶
지만, 경전을 독송하고 싶지는 않습니다. 염불하고 부처님께
절만 해도 될까요?

A : 잘하고 있습니다.

저는 다음의 작은 고려사항을 제안합니다.

①정법을 설하는 법문 음성 파일을 들어보세요. 예를 들어
차로 출근할 때 들으세요. 이렇게 하면 망상을 최소화하면서
자연스럽게 대승에 더 많이 노출되도록 도와줄 것입니다. 특
히 제 스승님인 선화 큰스님은 통찰력이 뛰어나기 때문에 선
화 큰스님의 법문 음성 파일을 모두 들어야 합니다.

②반드시 매일 수행의 공덕을 회향해서 모든 중생과 나누세
요. 그래서 그들이 머지않아 정토에 태어나 불도를 이룰 수
있도록 하세요.

위와 같이 하면 결국 절을 하고 염불하는 것을 훨씬 더 즐길
수 있을 것입니다. 그리고 자연스레 『소아미타경』과 같은 경
전을 독송하는 것도 좋아하게 될 것입니다. 계속 잘하세요!

죽음이 가까웠을 때 악업을 짓다

Q : 스님, 아미타불!

서방정토 극락세계에 왕생을 염원하며 평생 염불을 하다가,
죽을 때에 악업이 생기면 그래도 왕생할 수 있나요?

모든 중생을 위해 자비롭게 가르쳐주세요.

그리고 살아 있는 동안 염불 수행법에 대해 아무것도 모르고
삼보도 믿지 않았지만, 죽을 때 선지식을 만나 모든 것을 다
내려놓고 일심으로 염불해서 선업이 생겨나면 왕생할 수 있
나요?

A : 책에서 답을 찾을 수 있는데 왜 이런 질문을 하는지 모르겠
군요. 전형적인 답은 정토 관련 서적을 참고해야 합니다. 하
지만 요청하신 대로, 제가 몇 가지 견해를 제시하겠습니다.

①중요한 점은 죽을 때 일어나는 일입니다. 만약 건전한 삶
을 살았다고 하더라도 무거운 업장에 부딪히면, 왕생할 가
능성이 거의 없습니다. 이는 업장의 성질로, 극복할 수 없습
니다.

②정토 관련 서적들은 당신이 말한 경우에 대해 예, 정토에
왕생할 가능성이 있다고 할 것입니다. 저는 이것이 결정적인

순간에 선지식으로부터 받을 도움 때문이라고 믿습니다. 마지막 순간 자신의 염불 때문에 그렇게 되기는 매우 드뭅니다. 더구나 신자가 아니라면 불교에서 그런 구세주를 만나게 될 가능성이 얼마나 될까요? 따라서 이 사람의 왕생 가능성은 첫 번째 경우보다 더욱 희박합니다.

해탈을 이루기 위한 가장 직접적이고 가장 쉬운 방법은 정토 법문을 통해서라는 것을 이해해야 합니다. 바른 도움을 받을 수 있다면 정토에 왕생할 수 있기 때문입니다. 더 구체적으로는, 금생이든 전생이든 정토 수행으로 복을 쌓았다면 당신의 왕생을 도울 수 있는 스님을 만날 수 있습니다.

마지막으로, 반대론자처럼 말하게 되어 유감스럽지만 20년간 대승의 경험을 통해 저는 자신의 노력으로 정토에 왕생하는 것이 거의 불가능하다는 걸 알게 되었습니다. 너무 많은 사람이 실패하는 것을 보았기 때문입니다. 즉 정토에 왕생하기가 아주 쉽다는 말을 듣는다면, 다른 의견을 구해야 합니다!

종교 신앙

Q : 스님, 저는 아주 심각한 갈등에 직면해 있습니다. 우리 아버지는 까오다이교를 믿고, 어머니는 불교 신자입니다.

저는 어렸을 때 까오다이교 사원에 가서 보시를 하곤 했습니다. 가끔 어머니를 따라 절에 가서 부처님께 절을 하기도 했습니다. 나이가 들면서 저는 더 이상 까오다이교 사원에 자주 가지 않고, 음력 보름에 어머니를 모시고 불교 사찰에 가곤 했습니다.

꿈속에서 저는 종종 하늘을 날고, 물 위를 걷거나 풀잎 끝을 걷는 제 모습을 봅니다. 가끔 제가 까오다이교 사원에 있는 꿈을 꾸곤 했지만, 아무도 저에게 관심을 두지 않았기 때문에 마치 제가 보이지 않는 존재인 것 같았습니다. 저는 그곳에서 시간을 보냈지만 어떤 법회도 전체 과정을 참여할 수 없었습니다. 때로는 부처님과 관세음보살 꿈을 꾸곤 했습니다. 그때 저는 불보살님 앞에서 무릎을 꿇고 염불을 했습니다.

지금 저는 삼보에 귀의하고 싶지만, 어머니가 듣지 않고 아버지의 신앙을 따르길 원합니다. 저는 두 종교를 모두 믿지만, 불자가 되는 것이 더 좋습니다.

부디 자비롭게 조언해주세요. 저는 어떻게 해야 할까요?

A : 저의 스승님이자 돌아가신 조사 스님인 선화 큰스님께서는
모든 종교가 불교의 밖에 있지 않다고 말씀하셨습니다.
그 이유는 다음과 같습니다.
①기본적으로 모든 종교 신앙은 선善을 가르칩니다. 다른 종
교에서 가르치는 모든 선은 불교의 선에 포함됩니다.
②불교는 모든 것을 포용합니다.
③선화 큰스님은 더 이상 분별하지 않습니다.
당신은 분별하지 않는 것이 아직 부족하니, 저는 다음과 같
이 제안하겠습니다.
①종교 신앙을 갖는 것은 매우 좋습니다. 이는 삶에 균형을
제공합니다. 예를 들어 천주교 신자들은 일요일마다 성당에
갑니다. 왜냐하면 만족할 줄 모르는 자아를 섬기려고 계획하
는 데 시간을 보내는 대신에, 그들에게 내재된 선함에 연결
되도록 도와주기 때문입니다.
②당신은 부모님과 함께 살고 있으니 부모님의 뜻을 거스르
는 것은 바람직하지 않습니다. 그러나 종교적 믿음에 따라
행동하는 것에 대해 그렇게 강하게 느낀다면, 도대체 왜 까
오다이교인이 되어야 하나요? 당신의 부모님 모두 괜찮으니
그냥 현재 상황을 유지하세요.
③집에서 나와 경제적으로 독립을 확고히 하면 불자가 될 수

있습니다. 서두를 것 없잖아요. 그렇지 않은가요? 좋은 쪽에 머무르는 한, 당신은 이미 불자처럼 행동하고 있습니다. 불자들은 사려 깊게 행동합니다. 자신을 광고하지 않습니다.

④독립을 확고히 하고 나면, 부모님께 부드럽게 말하기 시작합니다. 자녀에게 종교적인 신앙을 강요하지 않았으면 한다고, 그리고 당신은 종교에 대한 부모님의 선택을 존중할 것이라고 말하는 것입니다.

⑤잠재적인 배우자가 당신의 개인적인 신앙을 존중하도록 해야 합니다. 종교에 대한 존중이 거의 없는 사람은 장기적으로 좋은 배우자가 아닙니다. 그들 대부분은 또한 매우 안 좋은 부모가 됩니다. 왜냐하면 그들은 다음 세대를 위한 좋은 본보기가 아니기 때문입니다.

어떻게 원願을 세울 것인가?

Q : 스님, 어떻게 원을 세우는지 가르쳐주세요.

A : 혼자 원을 세울 때는 불보살님 앞에서 지극정성으로 발원합
니다.

그러나 선지식의 지도 아래에 세운 원이 더 올바를 것입니
다. 왜냐하면 선지식은 어떤 서원이 적절한지에 대해 조언해
줄 수 있기 때문입니다. 그다음 선지식은 바라밀을 완성하기
위해 원을 어떻게 실천할 것인지에 대해 지도해줄 수 있습
니다.

저는 대승을 배울 수 있는 선지식을 찾겠다고 발원하기를 주
저하지 않을 것입니다. 어떤 대가를 치르더라도 그런 스승을
찾는 것은 가치가 있습니다. 그러고 나서 저는 선지식을 찾
아가 가르침을 받기 위해 어떠한 비용이나 노력도 아끼지 않
을 것입니다.

진정으로 정성스러운 사람은 반드시 가르침을 받을 것입
니다.

염불기

Q : 스님, 저는 정토 수행을 하고 있는데 몇 가지 궁금한 점이 있습니다. 제가 명확히 할 수 있게 도와주시기 바랍니다.

- 저는 잠을 잘 때 염불기를 켜둡니다. 잠잘 때와 깨어 있을 때 심는 염불 씨앗에 차이가 있나요?

- 저는 염불기를 자주 듣습니다. 때로는 염불을 하고 싶은 충동을 느끼고는 기계에서 염불 소리를 듣곤 했습니다. 그게 제 왕생의 기회에 어떤 영향을 미칠까요?

- 저는 염불을 하면 머리가 시원하고 상쾌하고 기쁨이 솟구치는 경우가 많습니다. 이 상태가 실제로 경전에서 설하는 불보살님의 가피인가요? 그런데 어떤 CD에서는 그러한 경계가 음의 존재에 의해 접촉된 결과라고 말합니다.

제가 걱정과 의문을 그만둘 수 있도록 저를 위해 설명해 주세요!

마지막으로, 스님께서 건강하고 행복하셔서 빨리 도를 이룰 수 있기를 바랍니다!

아미타불!

A : 밤에 염불기를 켜놓는 것은 좋은 일입니다. 그렇게 하면 계

속해서 마음에 염불 씨앗을 심을 것입니다. 물론 이것은 깨어 있을 때 염불을 듣는 것만큼 효과적이지는 않습니다. 깨어 있을 때 염불 씨앗이 본래 삼매력을 더 많이 가지고 있습니다.

염불하면 할수록 왕생복이 더 많아집니다.

핵심은 염불의 양이 아니라 질에 있습니다. 그러므로 염불에 더욱 집중하면 왕생복이 훨씬 더 커집니다. 그래서 우리가 제자들에게 정토 수행을 지도할 때 바른 방법을 통한 염불삼매 개발을 강조합니다.

다양한 자료를 무분별하게 참고할 것이 아니라 올바른 정토 권위자를 선택해야 합니다. 출처가 조사 스님이 아니라면, 저는 개인적으로 자료에 시간을 낭비하지 않을 것입니다.

예를 들어 음의 존재에 관한 당신의 CD 자료는 완전히 잘못됐습니다. 저는 그런 출처의 모든 자료를 버릴 것입니다.

왜 선과 정토를 함께 수행하나요?

Q : 안녕하세요? 스님.

저는 염불 수행을 합니다.

왜 스님은 선과 정토를 함께 닦으라고 하시나요? 그렇게 하면 일심이 되기가 어렵지 않나요?

아미타불!

A : 잘하고 있습니다!

십몇 년 전, 저는 제 거실에서 참선을 가르치기 시작했습니다.

그리고 몇 년 후, 저는 다음과 같은 이유로 선과 정토를 함께 가르치기로 했습니다.

① 저는 대부분의 선 수행자들이 이번 생에 깨달음을 성취하지 못할 것이라는 걸 알게 되었습니다. 그래서 저는 보험으로 염불 수행을 하라고 권했습니다.

② 또한 염불하는 대부분의 사람이 염불삼매에 드는 방법을 모릅니다. 그들의 수행 방법은 그들을 일심으로 이끌지 못할 것입니다. 이것이 제가 대승의 선 수행법도 닦으라고 권한 이유였습니다.

만약 당신이 염불 수행법을 통해 일심을 이룰 수 있다는 확신이 든다면 계속 그렇게 하세요.

하지만 이 의견을 고려해 보시겠습니까?

당신이 저에게 물어봤다는 사실은 당신이 아직 일심이 되는 방법을 모른다는 것을 보여줍니다. 아는 사람들은 저에게 물어보는 것을 절대 고려하지 않을 것입니다.

정토법을 믿기 어려워요

Q : 스님, 염불만으로 정토에 왕생할 수 있다는 것을 믿기 어렵습니다. 제 오빠는 경전이 수정됐고, 왕생에 대한 영상들은 전문 배우들을 동원했다고 말했습니다.

A : 저는 당신이 의심한다고 비난하지 않습니다. 그 소식 출처의 진위에 대해 저 역시 의심스럽습니다.

개인적으로 저는 제 스승님이신 고 선화 큰스님께서 그렇게 말씀하셨기 때문에 그렇게 믿습니다. 선화 큰스님은 저에게 거짓말을 하지도 않았고, 불교에 대해 누구에게도 거짓말하지 않았습니다.

또한 저는 대장경大藏經이라는 불교 원전을 참고합니다. 대장경은 모든 불교 전문가들에 의해 논쟁의 여지가 없는 부처님의 가르침으로 인정받습니다.

대승의 복을 더 많이 심으면 당신도 믿게 될 것입니다.

정토왕생을 염원하다

Q : 존경하는 영화 스님, 저는 명상을 해봤습니다. 하루에 30분
씩 하는 것으로 저는 깨닫지 못할 것입니다. 머릿속에는 망
상이 가득합니다. 유일한 희망은 아미타불과 보살님들의 타
력에 의지하는 것입니다. 저는 극락정토에 가서 보살이 되어
다시 돌아와 중생을 구제하고 싶습니다. 아침저녁으로 저는
무슨 수행을 하는 것이 좋을까요?

A : 질문이 모호해서 Q&A 문답에서 충분히 답변할 수 있는 질
문이 아니지만 노력해 보겠습니다.
제가 보기에 당신은 정토 불법에 대해 많이 공부한 것 같습
니다.
저는 자료 출처를 신중하게 고르라고 당신에게 조언 드립니
다. 예를 들어 인터넷상에서 글을 볼 수 있는 맹목적인 신봉
자들뿐만 아니라 반대론자들도 있지만, 그들은 믿을 만한 권
위자들이 아닙니다. 불교의 조사 스님과 같은 믿을 만한 출
처의 자료를 참고하는 것이 더 낫습니다.
특히 저의 스승님이신 고 선화 큰스님께서 쓰신 글을 추천하
고 싶습니다.

또한 정토에 왕생하기가 쉽다고 주장하는 스승이나 사람들을 주의해야 합니다. 제가 지난 십몇 년 동안 가르친 경험은 그렇지 않다는 것을 증명했습니다.

간단히 말해서, 올바른 정보를 얻고 좋은 스승의 지도 아래 배워야 합니다. 다시 한번 말하는데, 정통 불교의 주요 유파에 있는 사람들을 가까이하세요. 이것은 당신이 잘못될 가능성을 줄여줄 것입니다. 왜냐하면 대부분의 사람처럼 당신은 옳고 그른 가르침을 구별하기 어려울 것이기 때문입니다.

할 수 있다면 우리의 염불 집중 수행인 불칠佛七에 와서 정토의 교리와 염불의 올바른 방법에 대해 배워보시길 강력히 권합니다. 이 현명한 초기 투자는 장래에 상당한 성과를 거둘 것입니다.

잘되길 바랍니다.

제때에

[1960년에 태어난 아내는 6개월 동안 폐암을 앓았습니다. 이 6개월 동안 암세포가 급속히 증식해 아내가 세상을 떠났습니다. 이 질문을 했을 당시, 사후 49일 기간에서 불과 3주가 남아 있었습니다.]

Q : 제 아내는 좋은 사람이었습니다. 누구에게도 의도적으로 해를 끼치지 않았을 것입니다. 왜 스님은 제 아내가 축생계로 가는 중이라고 했나요?

A : 거사님의 감정을 상하게 한 것에 대해 사과드립니다. 거사님은 아직 아내에게 집착이 많으니, 저의 직설적인 말은 분명히 도움이 되지 않습니다.

Q : 아직 3주가 더 남았다고 하지 않았나요?

A : 지금 당장 아무것도 변하지 않는다면, 아내 분은 아마 축생계로 갈 가능성이 큽니다. 바꿔 말해서, 거사님이 (사찰에) 청한 도움은 현재 아내 분을 여기까지만 도울 수 있습니다.

그렇기 때문에 우리 출가자들은 이처럼 결정적인 시기에 중생을 돕기 위해 삼매력 개발의 중요성을 이해하고 있습니다. 우리가 힘을 많이 가질수록, 더 많은 사람을 도울 수 있고 더 멀리 데려갈 수 있습니다.

Q : 제 아내가 세상을 떠나기 전에 우리 스님이 도와주러 오셨습니다. 비록 상실로 인해 몹시 심란했지만 저는 염불을 결코 멈추지 않았습니다. 지난 4주 동안 우리 스님과 우리 가족은 제 아내를 대신해 참회하고, 경전을 독송하고, 염불을 했습니다. 어째서 제 아내는 여전히 악처로 떨어지고 있나요?

A : 아내 분이 죽은 상황을 기억하세요. 가능한 최고의 치료를 받았음에도 불구하고 암은 걷잡을 수 없게 되었습니다.
이는 아내 분이 과거에 빚진 이들(원친채주)이 매우 악랄하고 그녀를 해칠 것을 목표로 하고 있음을 보여줍니다. 그들은 아내 분을 가장 나쁜 곳인 지옥으로 보내고 싶어 하는 것 같습니다.
당신들이 함께 노력하지 않았다면, 아내 분에게 더 나쁠 수도 있었습니다.

종교의 상업적인 면

Q : 보험의 개념은 종교의 상업적인 측면을 연상시킵니다. 그리
   고 우리는 '정토 계획'을 믿어야 하나요?

A : 분명히 당신은 정토법이 진실인지 심각하게 의심하고 있습
   니다.
   보험은 발생할 확률이 낮은 치명적인 손실로부터 당신을 보
   호합니다.
   당신이 옳을 가능성이 높고, 틀릴 가능성이 극히 낮다는 것
   을 감안한다면, 이것은 첫 번째 보험 기준을 충족합니다.
   만약 당신이 자신의 운명에 대한 통제력을 잃고 축생, 아귀,
   또는 지옥으로 떨어진다면, 개인적으로 무력해질 것이라고
   추정하는 것이 타당한가요? 그리고 만약 수백만의 사람들이
   이미 이익을 얻었고, 당신에게도 도움이 될 수 있었던 정토
   법문에 대해 당신이 잘못 알고 있다면 어쩌죠? 이것은 당신
   의 자존심에 치명적이지 않을까요?
   당신이 이 세상을 떠난 후 뒤이은 49일 동안 염라대왕 앞에
   서야 할 때가 되면, 제가 전혀 당신을 속이려고 하지 않았다
   는 것을 알게 될 것입니다. 하지만 그때쯤이면 당신과 당신

의 사랑하는 사람들에게 너무 늦을 것입니다.

이 생에 이해하지 못하더라도 걱정하지 마세요. 결국 우리는 다시 만날 것이고, 그러면 당신은 저를 믿을 것입니다. 저는 인내할 수 있습니다. 우리의 일은 여러 생에 걸쳐 있습니다.

용어해설

개입, 간섭 介入 Meddle: 과거 인과의 자연적인 해결에 개입하는 것을 말합니다. 예를 들어 과거 업의 부채를 청산하는 자연적인 과정에서 두 파벌이 서로 싸울 수 있습니다. 그런데 제삼자가 그들 사이에 끼어들어 결과에 영향을 미치려고 한다면 그것은 간섭입니다.

겁 劫 Kalpa(Aeon): '겁'은 대략 1,600만 년의 시간을 의미합니다. 1대겁은 80겁입니다.

결가부좌 結跏趺坐 Full-lotus: 이 좌선 자세는 먼저 왼발을 오른쪽 허벅지 위에 놓고, 그다음 오른발을 왼쪽 허벅지 위에 올려 두 다리를 교차합니다.

경전 經典 Sutra: 경전은 부처님의 가르침을 가리킵니다. 불자들은 삼매를 어떻게 수행하는지 이해하기 위해 경전을 공부합니다.

계 戒 Precepts: 불교의 도덕규범을 계라고 합니다.

고통, 괴로움 苦 Suffering: 과거에 우리는 죄, 즉 악업을 지었기 때문에 이제 그 결과를 감내하고 괴로움을 겪어야 합니다. 괴로움은 육체적, 정신적, 감정적일 수 있습니다.

공덕 功德 Merit and virtue: 눈에 보이고 관찰할 수 있는 선행을 통해 공을 쌓는 반면, 인격의 숨겨진 내면의 자질을 향상함으로써 덕을 쌓습니다.

관음 觀音 Guan Yin: 관음은 관세음보살의 또 다른 이름입니다. 듣는 성품을 사용해 집중력을 높이는, 관세음보살이 수행한 특별한 법문이 있습니다. 이것은 고급 수행 방법인 반문문자성(反聞聞自性: 들음을 돌이켜 자성을 듣는다)이라는 법문에서 유래합니다.

교종 敎宗 Study School: 중국불교의 5대 종파 중 하나인 교종은 경전 연구에 중점을 두고 있습니다.

금강 金剛 Vajra: 금강은 우주에서 가장 단단한 물질의 이름입니다. 금강은 무명을 깨부수며 오직 수행을 통해서만 증득할 수 있습니다.

단전 丹田 Dan Tian: 단전의 개념은 도교에서 차용한 것입니다. 단전은 우리의 정신적인 중심으로, 신체에서 배꼽 주위에 위치합니다.

대승 大乘 Mahayana: 대승은 '큰 수레'라는 뜻으로, 산스크리트어 마하야나(Mahayana)의 번역입니다. 수레는 중생을 안전한 곳과 해탈로 실어 나르거나 건네주는 능력을 말합니다. '크다'는 '작은 수레' 소승불교와 비교해 대승불교의 훨씬 더 큰 적재 능력을 가리킵니다.

만 萬 Ten Thousand: 이 표현은 중국 문화에서 유래하며, 많은 수를 의미합니다.

망상 妄想 False-thinking: 모든 사고 작용은 망상으로 여겨집니다. 왜냐하면 다 망령된 마음에서 일어나기 때문입니다.

무색계 無色界 Formless Realm: 무색계는 색계보다 높은 세계입니다. 색계처럼 무색계는 공무변처(5정), 식무변처(6정), 무소유처(7정), 비상비비상처(8정)의 수행으로 성취될 수 있는 집중 수준을 가리킵니다.

무생법인 無生法忍 The Patience of Non-production of Dharmas: 무생법인은 제9정의 정식 명칭입니다. 무생법인을 증득하면 한 생각도 일어나지 않습니다. 그것이 진정으로 자신을 다스리는 것입니다.

미혹 迷惑 Delusion: 전도, 무명, 어리석음 등이라고도 하는 미혹은 사실에 대한 잘못된 인식입니다. 미혹은 잘못된 선택을 하게 합니다.

믿음 信 Faith: 믿음은 정토 수행의 세 가지 자량(資糧: 기본 요건) 중 첫 번째입니다. 가르침을 진심으로 믿는 것에서부터 시작합니다.

밀종 密宗 Secret School: 중국불교의 5대 종파 중 하나인 밀종은 주력 수행을 중시합니다.

바라밀 波羅蜜 Paramita: 바라밀은 산스크리트어 파라미타(Paramita)의 음역으로, '저 언덕에 이르다(도피안到彼岸)' 또는 '성취, 완성'을 의미합니다. 보살들은 깨달음을 얻기 위해 수행의 일부로 육바라밀을 닦습니다.

방편 方便 Expedient: 방편은 '편리한 방법' 또는 '수단'이라고도 하며, 제자의 잠재력에 맞게 설계된 실질적이고 실용적인 교육 도구입니다. 지혜로운 스승은 제자의 이해를 돕기 위해 임시방편을 쓰는 데 뛰어납니다.

번뇌 煩惱 Affliction: 번뇌는 우리를 괴롭게 하는 것입니다. 불교에서는 생각을 일으키고 마음을 움직이게 하는 모든 것이 번뇌입니다.

법 法 Dharma: 대문자 'D'로 쓰일 때 Dharma는 부처님의 가르침, 불법을 가리킵니다. 소문자 'd'로 쓰면 dharma는 문자 그대로 '(모든) 것'을 의미하는 매우 일반적인 의미를 가지며, 다양한 맥락에서 쓰일 수 있습니다.

법계 法界 Dharma Realm: 법계는 온 우주를 뜻하는 불교용어입니다.

법문, 수행방법 法門 Dharma Door: 법문은 부처님의 가르침(또는 법)을 실천하는 방법을 의미하는 불교용어입니다. 불교는 깨달음에 방해가 되는 장애를 돌파하는 데 쓸 수 있는 많은 다양한 법문을 가르칩니다.

법사, 스님 法師 Dharma Master: 법사는 승려의 존칭으로 출가자라고도 하며, 가르침의 일부분으로 불법을 설합니다.

벽지불 辟支佛 Pratyekabuddha: 벽지불은 소승 전통의 성인입니다. 아라한과 마찬가지로, 벽지불도 산란한 생각을 멈출 수 있습니다. 그러나 벽지불은 아라한보다 출세간의 지혜의 수준이 높습니다. 벽지불은 십이연기법을 닦아 이 단계의 성취에 이릅니다.

보리 菩提 Bodhi: 보리는 산스크리트어 보디(Bodhi)의 음역으로, 깨달음의 뜻입니다.

보살 菩薩 Bodhisattva: 보살은 깨닫기 위해 열심히 수행하는 뛰어난 존재입니다. 그런 다음 보살은 다른 사람들이 깨달을 수 있도록 더 열심히 보살행을 합니다.

복 福 Blessings: 인과의 관점에서 복은 우리가 선행을 하거나 공덕행을 함으로써 지은 선업을 나타냅니다. 예를 들어 다른 사람들이 원하는 것을 얻도록 도와주면, 나도 원하는 것을 얻도록 도움을 받을 것입니다. 일반적으로 복의 진실이 이러합니다. 복은 우리가 원하거나 필요로 하는 것을 얻도록 도와줍니다. 악행은 전혀 복을 짓지 않습니다.

본성, 참된 성품 本性 True Nature: 이는 모든 중생이 본래 갖추고 있는 부처의 성품(불성佛性)을 가리키며, 간단히 '성품'이라고 하는 경우가 많습니다.

분별심 分別心 Discriminating mind: 비불교적인 용어로는 의식적 마음 또는 '생각하는 마음'이라고도 하며, '분별심'은 분별하는 우리의 성향을 나타냅니다.

불칠 佛七 Fo Qi: 불佛은 부처님이며, 칠七은 일곱을 뜻합니다. 불칠은 정토 수행의 방법으로, 염불삼매에 들기 위해 수행자들이 모여 7일 동안 계속 염불하는 것입니다. 이 수행은 꽤 효과적입니다.

불토, 불국토 佛土 Buddhaland: 불교에서 세계라고도 하며, 각 불국토에는 그 세계에 나타나 교주 역할을 하는 부처가 있습니다. '세계'에 대한 설명을 참고하세요.

불퇴전 不退轉 Irreversibility: 수행에서 불퇴전의 경지에 이르면, 다시는 성불을 향한 길에서 절대 퇴보하지 않을 것입니다.

사바세계 娑婆世界 Saha World: 사바세계는 우리가 사는 세계입니다. 그러나 불교에서 우리의 사바세계는 하나의 행성보다 훨씬 더 큰 것으로 여겨집니다. 사실 사바세계는 우리 은하 전체에 해당합니다. 석가모니 부처님은 사바세계의 교주입니다.

49재 四十九齋 49-Day Dharma: 불자들은 전통적으로 죽음 직후 이 7주 기간 동안 고인을 위해 복을 지어 주는 것이 대단히 중요하다고 믿습니다. 이러한 복은 고인이 다음 생에서 더 나은 몸을 받거나, 가장 좋은 정토에 왕생하도록 도와줄 수 있습니다.

삼계 三界 Triple Realm: 삼계는 중생이 '윤회의 수레바퀴'에서 돌고 도는 욕계, 색계, 무색계로 이루어집니다. 우리는 이 끊임없는 윤회에서 벗어나기 위해 수행합니다.

삼독 三毒 Three Poisons: 삼독은 탐욕(탐), 성냄(진), 어리석음(치)입니다. 이 세 가지 인성 결함은 우리에게 독이 되고 우리의 불성을 오염시킵니다.

삼매, 선정, 정定 三昧 Samadhi: 삼매는 산스크리트어 사마디(Samadhi)의 음역으로, 집중 상태로 들어가는 능력을 의미합니다. 더 구체적으로, 삼매는 색계의 사선四禪에서 무색계 사정四定까지의 집중 단계를 가리킵니다.

삼보 三寶 Triple Jewel: 삼보는 1) 불보 – 우주의 모든 부처님, 2) 법보 – 모든 부처님의 가르침, 3) 승보 – 출가자로 이루어집니다.

삼악도 三惡道 Three Evil Paths: 삼악도는 삼악취三惡趣라고도 하며 지옥계, 아귀계, 축생계를 가리킵니다. 삼독으로 업을 지을 때, 죽어서 삼악취에 떨어지는 원인을 짓습니다.

새다 漏 Outflows: 루(漏: 새다)라는 개념은 우리 마음이 바깥으로 치닫는 것을 막지 못하는 것을 말하며, 이것은 우리의 지혜로운 삶이 줄어들게 합니다. 예를 들어 우리 감각기관이 외부 세계와 접촉할 때 에너지가 새어 나가는데, 이는 분명히 바람직하지 않습니다.

색계 色界 Form Realm: 색계는 욕계 위의 세계입니다. 또한 색계는 선 수행을 통해 네 가지 선정(사선四禪)을 닦음으로써 성취될 수 있는 집중 수준을 의미합니다. 색계에는 초선부터 사선까지 네 가지 삼매가 있습니다. 색계에 사는 존재들은 이 특별한 집중 수준을 쉽게 경험할 수 있습니다.

서방정토 극락세계 西方淨土極樂世界 Western Bliss Pure Land: 아미타불이 현재 교주로 계시는 정토의 명칭입니다. 아미타불의 정토는 산스크리트어로 수카바티(Sukhávatī), 한자로는 극락極樂, 안락安樂, 서천西天이라고 합니다. 이곳은 단연코 우리 세계의 존재들이 가장 쉽게 왕생할 수 있는 정토입니다.

선 禪 Dhyana: 선 수행으로 들어가는 색계천의 선정 경계입니다. 초선, 이선, 삼선, 사선의 네 단계(사선四禪)가 있습니다.

선종 禪宗 Chan School: 중국불교의 5대 종파 중 하나인 선종은 참선 수행에 주력합니다.

선지식 善知識 Good Knowing Adviser: 지혜롭고 자비로운 스승을 의

미하는 대승 용어입니다.

성품 性品 Nature: 자성自性이라고도 하며, 우리 모두 본래 갖추고 있는 불성을 가리킵니다. '성품을 본다는 것(견성見性)'은 진리를 깨닫고 미혹을 끝내는 것입니다.

세계 世界 World: 불교 언어에서 세계는 전체 세계 체계를 의미하며, 현대적인 이해로는 은하에 해당합니다.

소승 小乘 Hinayana: 소승은 '작은 수레'라는 뜻으로, 산스크리트어 히나야나(Hinayana)의 번역입니다. 수레는 실어 나를 수 있는 능력을 말합니다. '작다'는 상대적으로 제한된 적재 능력을 의미합니다. 소승 수행자들은 자기 개인의 수행에 집중하는 반면, '큰 수레' 대승 수행자들은 모든 중생을 제도하기 위해 지혜를 개발합니다.

수행 修行 Cultivation: 자주 쓰이는 이 불교용어는 다양한 불교적 방법을 실천하는 것을 가리킵니다. 참선, 염불, 독경, 주력, 절, 간경 등이 모두 수행 방법입니다.

수행력, 공부 功夫 Gongfu: 공부功夫는 '기량, 실력'을 뜻하는 중국어로, 무술에서 사용되는 경우가 많습니다. 이 책에서는 삼매 또는 집중력과 통용됩니다.

십이연기 十二緣起 12 Conditioned Links: 십이연기는 중생을 미혹하게 하는 인과관계 과정의 순서를 설명합니다. 십이연기는 벽지불이 수행한 법으로, 벽지불은 소승불교에서 가장 높은 수준의 성취입니다. 12개의 연속적인 인과의 연결고리를 소멸함으로써, 마지막부터 시작하여 첫 번째를 제거할 때까지, 이 위대한 수행자들은 미혹을 제거하고 그리하여 출세간의 지혜를 얻을 수 있습니다.

아라한 阿羅漢 Arhat: 아라한은 사과四果 아라한을 줄인 말로, 수행에서 상당히 높은 수준의 성취입니다. 이러한 성취는 제9정(멸진정)과 그리고 생각하는 마음을 마음대로 완전히 멈출 수 있는 능력과 관련이 있습니다. 아라한은 소승불교에서 가장 높은 두 단계의 성취 중 하나로 여겨집니다. 아라한과 성취 이전의 단계를 흔히 수다원, 사다함, 아나함이라고 합니다.

아뢰야식 阿賴耶識 Alaya Consciousness: 흔히 영혼으로 불리며, 불교에서 제8식으로 알려진 아뢰야식은 우리의 업을 한 생에서 다음 생으로 가져갑니다.

아미타불 阿彌陀佛 Amitabha Buddha: 아미타불은 우리에게서 서쪽으로 멀리 떨어져 있는 불국토의 교주입니다. 아미타불은 서방정토 극락세계라고 하는 그의 불국토로 우리를 인도해, 우리가 더 쉽게 괴로움에서 벗어나 즐거움을 얻도록 하겠다고 원을 세웠습니다. 그래서 아미타불은 자주 '왕생'이나 '정토' 법문과 연관되어 있습니다.

약사여래불 藥師如來佛 Medicine Master Buddha: 약사여래불은 우리에게서 동쪽으로 멀리 떨어진 불국토의 교주입니다. 불자들은 약사여래불께 기도합니다. 왜냐하면 약사불의 불국토나 천상에 태어나도록 도와주기 때문입니다. 또한 약사여래불께 기도함으로써 질병 치유, 재앙 소멸 등 살아 있는 동안 불가사의한 이익도 얻을 수 있습니다. 자세한 내용은 우리의 『약사경 해설(Medicine Master Buddha Sutra)』을 참고하세요.

양면성 兩面性 Duality: 우리가 아는 세상은 양면성을 특징으로 합니다. 모든 것은 서로 반대되는 쌍으로 존재합니다. 예를 들어 사랑이 있으면 증오도 있습니다. 또한 이 쌍들은 항상 변하고 있습니다. 새것이 낡은 것이 되고, 춥다가 결국 더워지고, 반대로 덥다가 추워지기도 합니다.

업 業 Karma: 업은 산스크리트어 카르마(Karma)로 '행위'를 뜻합니다. 몸과 입과 마음(뜻)으로 짓는 세 가지 업이 있습니다.

연기 緣起 Conditioned Links: 십이연기를 참고하세요.

열반 涅槃 Nirvana: '무생(無生: 생겨남이 없다)' 또는 '불생(不生: 나지 않는다)'과 '불멸(不滅: 사라지지 않는다)' 또는 '불사(不死: 죽지 않는다)'를 특징으로 하는 존재의 영역입니다. '열반'에 드는 것은 매우 바람직한데, 왜냐하면 그 경지에서 당신은 참나로, 완전히 청정하고(오염되지 않고) 괴로움에서 벗어나기 때문입니다. 당신은 오직 영원한 행복만을 누립니다. 즉 윤회에서 벗어납니다.

염불삼매 念佛三昧 Buddha Recitation Samadhi: 정토 수행자는 일반적으로 중간에 아무런 잡념 없이 아미타불의 명호를 열 번 외우려고 합니다. 염불삼매는 다양한 불교 수행을 통해 성취할 수 있는 많은 종류의 삼매 중 하나입니다.

왕생 往生 Rebirth: 왕생은 일반적으로 죽은 후에 우리가 다른 몸으로 다시 태어난다는 불교의 믿음을 가리키지만, 많은 경우에 '왕생'은 '정토왕생'의 줄임말로 정토 수행자들에 의해 종종 사용됩니다.

왕생 품위 往生品位 Rebirth Grade: 왕생 품위는 아미타불의 정토에서 사회적 지위의 수준을 가리킵니다. 9개의 주요 등급이 있습니다. 가장 높은 품위는 구품으로, 보살과 같이 수행력이 높은 수행자들의 왕생 품위입니다.

욕계 欲界 Desire Realm: 인간은 욕망이 들끓는 것을 특징으로 하는 존재의 영역인 욕계에 거주합니다. 욕계에 사는 우리 대부분은 지속해서 집중할 수 없기 때문에, 우리는 '산란하다'고 여겨집니다.

원, 발원, 서원 願 Vow: 발원은 정토 수행의 세 가지 자량 중 두 번째입니

다. 불보살은 절대 신자들에게 그들의 뜻을 강요하지 않으므로 우리
는 스스로 정토왕생을 발심합니다.

원리, 진리, 이치, 본질 理 Noumena: 이理는 불교의 원리를 가리키며, 사
事와 대비되는데, 사事는 이런 원리의 실례나 드러남을 가리킵니다.

율종 律宗 Precepts School: 중국불교의 5대 종파 중 하나인 율종은 계
율에 대한 세심한 연구와 실천을 강조합니다.

인연 因緣 Affinity: 인연은 다른 사람들과의 관계입니다. 예를 들어 당신
이 누군가에게 보시하면, 당신은 그와 인연을 맺고 그가 미래에 당
신에게 호의적으로 될 것입니다.

일심 一心 Single-mindedness: 일심이란 다른 모든 생각을 배제하고
한 생각에 집중하는 능력입니다.

일심불란 一心不亂 One Mind Unconfused: 일심불란(한마음으로 흐트러
짐 없이)은 염불삼매의 다른 표현입니다.

자아, 나 自我 Self: 소아小我는 단지 이기적이고 미미한 나이며, 대아大我
는 부처의 성품입니다.

장 藏 Store: 부처님 가르침의 세 부류의 총칭(삼장三藏)으로, 1) 삼매 공
부를 위한 경장, 2) 도덕규범(계율) 연구를 위한 율장, 3) 출세간의
지혜 연구를 위한 논장이 있습니다.

정념, 마음챙김 正念 Mindfulness: 정념은 마음챙김이라고 해서 근래에
인기 있는 개념으로, 몇 가지 관련된 의미가 있습니다. 정념은 어떤
것을 기억하여 잊지 않는 것입니다. 대승 정토불교는 정념으로 아미
타불 명호를 외우는 방법을 가르치는데, 이는 더 이상 망상으로 방
해받지 않을 정도로 아미타불 염불을 하는 것입니다.

정토 淨土 Pure Land: '정토'는 일반적으로 아미타불의 서방정토 극락세

계의 약칭으로 쓰입니다. 그런데 사실 다른 정토도 많이 있습니다. 말하자면, 이 정토들은 불교의 천상이라고 할 수 있습니다.

정토종 淨土宗 Pure Land School: 중국불교의 5대 종파 중에서 정토종 이 가장 널리 행해지고 있습니다.

조사 祖師 Patriarch: 조사들은 깨달은 큰스님들의 법맥으로, 부처님 시 대로 거슬러 올라갈 수 있습니다. 조사 스님들은 정법을 다음 세대 에 전하는 책임을 맡아왔습니다.

주, 주문, 진언, 다라니 咒 Mantra: 불교의 진언은 귀신을 부릴 수 있는 특 별하고 비밀스러운 주문입니다. 탄트라(Tantra)라고도 하며, 깨달음 을 이루기 위해 주력 수행을 하는 밀종의 주축입니다.

중국불교의 5대 종파 The Five Schools of Chinese Buddhism: 5대 종 파에는 선종, 정토종, 밀종, 율종, 교종이 있습니다.

중도 中道 Middle Way: 중도는 불교의 다른 이름입니다. 중도는 '상견常 見'이 주장하는 극단적인 방종의 수행이나 '단견斷見'이 주장하는 극 단적인 고행과 구별됩니다. 부처님은 이 두 극단적인 수행을 버리 고, 중도법을 성취했습니다.

진여 眞如 True Suchness: 진여는 부처의 열반 경지를 가리키는 또 다 른 말입니다.

집착 執着 Attachment: 집착은 무엇을 잡거나 유지하는 행위입니다. 불 교에서는 특히 자신의 견해와 신념을 고수하는 것을 말합니다. 집착 때문에 우리는 열린 마음이 되지 못하고, 머리가 맑지 못하며, 종종 좋은 충고를 믿지 않습니다.

출가자 出家者 Left-Home Person: 이 일반적인 불교 표현은 '가정생활' 을 포기한 승려를 가리킵니다. 출가자는 독신을 서원하고 결혼과 가정생활을 포기했습니다.

출세간 出世間 Transcendental: 우리는 삼계를 초월하는 방법을 배우기
위해 수행합니다. 이것을 성취한 사람들을 출세간의 지혜가 있다고
합니다.

탄트라 Tantra: 만트라(Mantra)와 같은 뜻입니다.

행, 수행 行 Practice: 정토법에서 '행, 수행'이라는 용어는 보통 정토법
문의 성공적인 수행을 위한 세 가지 자량 중 세 번째를 가리킵니다.
정토왕생을 발원하고 나서, 우리는 원을 이루기 위해 행동을 취해야
합니다. 우리는 수행해야 합니다. 그래서 많은 정토 수행자들이 정토
에 왕생하기 위해 염불삼매에 들기를 바라며 열심히 아미타불을 염
불하는 것입니다.

행복, 즐거움 樂 Bliss: 선 수행에서 이상적인 경지인 선정에 들면 생기는
표현할 수 없이 좋은 느낌입니다. 예를 들어 10분 동안 선정에 들면
좋은 느낌이 몇 시간 동안 지속될 수 있습니다.

현현, 드러남 事 Phenomenon: 사事는 불교에서 흔히 이理라고 하는 근
본 원리의 실례나 드러남을 말합니다. 예를 들어 이理는 인과의 법칙
이 될 수 있습니다. 그에 상응하는 사事는 과거에 지은 선업으로 인
해 즐거운 결과를 누릴 수 있습니다.

혜원 대사 慧遠大師 Hui Yuan, Master: 중국불교에서 정토종의 창시자
입니다. 후에 중국 정토종의 초대 조사로 공인되었습니다.

현지 스님의 정토 이야기

2012년 초, 우리 가족은 미국 뉴멕시코에 살고 있었는데, 아내 엥이 생존율이 낮은 희귀 혈액암 진단을 받았습니다. 2013년 중반, 스탠퍼드 의료 센터에서 그녀를 조혈 모세포 이식 환자로 받아들인 후, 우리는 캘리포니아 산호세로 이사했습니다. 제 여동생 케닉스는 캘리포니아 로스앤젤레스 근처 로즈미드에 있는 여산사(Lu Mountain Temple) 영화 스님 밑에서 불교 수행을 하고 있었고, 동생이 영화 스님을 매우 존경했습니다. 아내의 병세가 계속 악화되자 케닉스는 아내에게 삼보에 귀의하고 영화 스님의 제자가 되라고 권했습니다.

영화 스님은 정토법을 수행하며 중생의 정토왕생을 기원했기에, 아내가 세상을 떠난 뒤 여산사에 49재 위패를 모셨습니다.

저는 화장한 아내의 유골을 뉴멕시코로 가지고 돌아가, 아내가 원하는 대로 리오그란데강에 뿌렸습니다. 다음날 새벽, 아파트 침대에 누워 잠을 못 이루고 있을 때, 의식 속에서 누군가가 엥의 영정 사진 쪽으로 가라고 저를 부르고 있었습니다. 그곳을 향해 걸어가면서 전에 맡아보지 못한 맑은 향기를 맡았습니다. 어떤 세속적인 욕망도 떠난 향이었습니다.

그러고 나서 눈으로 보고, 귀로 듣는 의식 차원과 다른 차원에 있는 엥을 보았습니다. 예전처럼 작은 엥이 모자 달린 망토를 입고, 두 존재로부터 양쪽에서 보호를 받으며, 그 차원으로 멀어져 가고 있었습니다. 그 순간 저는 맑은 향기가 정토왕생을 암시하는 상징 중 하나라는 것을 떠올렸습니다.

49일 기간이 지난 후, 저는 평화롭고 안정되었습니다. 만약 엥이 낮은 세계에 태어났더라면, 저는 평온하지 못했을 것이라고 속으로 생각했습니다. 몇 주가 지났고, 집에 모신 아내의 영정 사진 앞에 향을 피우면서 저는 엥과 감정적으로 이어져 있었습니다. 이번에는 그녀가 더 이상 여성이라는 느낌이 들지 않았습니다. 그녀는 맑은 기운의 다른 몸으로 바뀌어 있었고, 매우 행복했습니다. 나중에 여산사에 가니 영화 스님께서 정토에는 성별이 없다고 확인해 주셨습니다. 그 후 저는 엥의 존재를 다시는 알지 못했습니다.

예전에 저는 왕생에 대해 별로 생각해 보지 않았습니다. 하지만 이런 경험이 있고 나서, 이제는 참선 중에 돌아가신 친척들이 나타나 고통스러워 보이면, 저는 그들을 위해 왕생 위패를 모십니다.

---

* 현지 스님(Master XianZhi)은 영화 스님을 은사로 출가했으며, 현재 한국 청주 보산사 주지입니다.

옮긴이의 글

영화 스님과의 인연

몇 년 전, 중국 위앙종을 전수하신 영화 스님께서 미국으로부터 한국에 오셔서 집중수행을 지도하신다는 소식을 접한 저는 호기심에 가보았습니다. 베트남 출신의 미국 스님이 영어로 법문을 하시고, 중국불교를 지도하시는 것이 신기했습니다. 그리고 다양한 질문에 거침없이 답변하시는 모습을 보고 깊은 인상을 받았습니다. 1년 후에 영화 스님께서 다시 한국을 찾으셨고, 집중수행 기간 동안 스님은 새벽 3시부터 밤 12시까지 모든 과정을 우리와 함께 수행하고 매일 법문을 하셨습니다. 그렇게 며칠 수행을 하자 머리가 맑아지고 시원해졌습니다. 그 후 저는 집에서 매일 결가부좌를 하며 수행을 했고, 스스로 진전이 있음을 느꼈습니다. 결국 그해 5월, 안거를 하러 미국에 세 달 다녀오기까지 했습니다. 요즘은 유튜브로 영화 스님의 법문을 듣고, 매일 결가부좌를 합니다. 결가부좌를 하면 할수록 머리가 맑아지고 차츰 몸이 가벼워지고 기운이 생겼습니다.

중국어 통번역사인 내가 영어책을 번역하다니!

통번역사인 저는 한동안 번역을 멀리했습니다. 번역을 하면 에너지 소모가 많고 몸이 아파서, 회복하는 데 시간이 오래 걸렸기 때문입니다. 그런데 영화 스님으로부터 책 번역을 해보라고 제의가 왔을 때, 저는 거절할 수 없었습니다. 큰스님께서 말씀하시는 데는 이유가 있을 것이라고 생각했습니다. 영어도 잘 못하는 저를 어떻게 믿고 번역을 맡기시는지 의아하기도 했습니다. 현신 스님이 저에게 번역을 하도록 용기를 주었고, 저는 영어 공부도 할 겸 불법도 공부하고, 수행 삼아 번역을 시작했습니다. 물론 많은 분들의 도움이 있었기에 가능했습니다. 중국 출신인 현회 스님의 중국어 번역을 참고했고, 이해가 안 되거나 명확하지 않은 부분은 대만 출신인 현신 스님과 중국어로 수많은 문답을 주고받고 토론을 통해 문제를 해결했으며, 영화 스님께서 직접 답변을 해주시기도 했습니다. 이 과정에서 많은 것을 배울 수 있었습니다. 그리고 미국 교포인 새라 언니가 영어 원문과 한국어 번역문을 꼼꼼하게 비교하며 제가 놓친 부분을 짚어주었습니다. 한국인 독자의 입장에서 세심하게 번역문을 검토해주신 성해 스님께 깊이 감사드립니다. 이 책의 출판을 흔쾌히 결정해주신 운주사 김시열 사장님과 편집진 분들의 노고에도 감사드립니다.

저는 번역을 하면서 거의 모든 영어 단어, 구, 문장의 의미를 일일이 검색하느라 마우스 클릭을 많이 해서 손가락이 아팠지만, 정성을 들여서 번역했습니다. 그리고 번역을 하면서 항상 결가부좌를 했습니다. 예전만큼 힘들지 않았고 몸도 덜 아팠습니다. 명상에만 관심이 있었던 제가 이 책을 번역하면서 정토법에 대해 관심을 가지게 되었고, 얼마나 중요하고 유익한 법인지도 알게 되었습니다. 많은 분들이 이 책을 통해 정토법을 접하고 실질적인 도움이 되길 바랍니다.

영화 스님 Master YongHua

영화 스님 Master YongHua

영화 스님은 베트남 출신으로, 대학 진학을 위해 미국으로 건너가 이공계 학사와 MBA 경영학 석사 학위를 받았습니다. 『포춘』선정 세계 500대 기업에서 승진을 거듭해 경영진의 자리에 오른 후, 자신이 비즈니스 세계에 환멸을 느낀다는 것을 알게 되었습니다. 이 무렵, 선화 큰스님의 가르침을 접하고 자신의 참된 소명을 발견합니다. 1995년에 선화 큰스님을 은사로 출가하고, 그 후 수행과 정법을 펼치는 데 진력하고 있습니다.

선화 큰스님의 위앙종에서뿐만 아니라 만각 큰스님의 임제종에서도 선 수행을 한 영화 스님은 이제 불법을 널리 설하고 다음 세대 수행자 양성에 힘쓰며, '스승님의 은혜를 갚는다'는 불교 전통을 이어가고 있습니다.

영화 스님은 2005년에 국제보리광(國際菩提光, Bodhi Light International)을 설립하고 제자를 지도하기 시작했습니다. BLI는 미국 캘리포니아 로스앤젤레스에 2012년 첫 도량 여산사(Lu Mountain Temple)를 건립하고, 2017년 위산사(Wei Mountain Temple)를 건립했습니다. 2020년에는 캘리포니아 산호세 금림선사(Gold Forest Chan Meditation Center), 한국 보산사(Jeweled Mountain Temple)가 문을 열었습니다.

그동안 영화 스님에게 지도를 받은 많은 제자들이 수행력을 갖춘 참선 수행자와 정토 수행자가 되었습니다. 영화 스님은 미국, 유럽, 중국, 대만, 베트남, 한국 등 다양한 국적의 출가 제자들이 있으며, 전 세계에 많은 재가 제자들이 있습니다.

영화 스님은 선과 정토를 함께 수행하는 선정쌍수禪淨雙修를 제창하며, 우리가 성인들의 지혜를 꿰뚫어 일상생활에 적용할 수 있도록 부처님의 법에 대해 현대인이 이해하기 쉽게 실질적인 가르침을 펴고 있습니다.

역자 **조소영**

한국외국어대학교 통번역대학원 한중과 석사를 졸업하고, 동 대학 대학원 중어중문학 박사과정을 수료하였다.

한국외국어대학교 중국어통번역학과 강사를 역임하였다.

BBS불교방송에서 성운 대사 법문 번역, BTN불교TV에서 증엄 스님 법문 번역, 대한불교조계종 종단 통번역 등 불교 전문 중국어 통번역사로 활동 중이다.

정토 수행 지침서 1

초판 1쇄 발행 2021년 9월 6일 | 초판 2쇄 발행 2021년 11월 10일
글쓴이 영화 스님 | 옮긴이 조소영 | 펴낸이 김시열
펴낸곳 도서출판 운주사

(02832) 서울시 성북구 동소문로 67-1 성심빌딩 3층
전화 (02) 926-8361 | 팩스 0505-115-8361
ISBN 978-89-5746-660-5 03220   값 15,800원
http://cafe.daum.net/unjubooks 〈다음카페: 도서출판 운주사〉